JN410085

시의 향기

국립중앙도서관 출판시도서목록(CIP)

시의 향기 : 포브스 코리아 100대 명의名醫 김현식의 산문집 / 지은이: 김현식. -- 대전 : 지혜, 2011
p. ; cm. -- (지혜사랑 산문선 ; 002)

ISBN 978-89-966430-7-4 03810 : ₩15000

산문집[散文集]

814.7-KDC5
895.745-DDC21 CIP2011004350

지혜사랑 산문선 002

시의 향기

김현식 산문집

| 서문 |

어렸을 적 징검다리는
호기심과 두려움의 대상이었다
발밑 바위를 휘감고 돌아나가는
시퍼런 물줄기를 내려다 보면
오금이 저리고 미끄러져 빠져버릴 것 같은
두려움에
동행하는 이모의 손을 꼭 붙잡곤 하였다
그런 징검다리를 건너
시의 화원으로 다가갔지만
너무 넓고 울창한 삼림의 장대함에 압도되어
그 입구에서 서성거리다가
가끔 바람결에 묻어 나오는 향기만 맡아 보고는 그만
돌아오고 말았다
언제일지도 모르는
다음 기회를 기약하면서……

2011년 11월

김현식

| 차 례 |

정지 비행

송수권

그녀를 십수 년 길들여 왔다
솔개가 구름 위를 선회하듯이
그 선회 비행보다 하늘 위에
가만히 떠서 정지 비행하는 것이
더 아름답듯이

지상에 꽂혀 피 흘리는 발톱과
그 부리가 다 닳아져 영 못 쓰게 되면
절벽으로 돌아가 절벽을 쪼아 새 부리로 갈아 끼우듯이
삶을 다시 시작하는 법도 가르쳤다

사랑이란 그런 것이다

때로는 침묵을 두려워 했고
자신이 날고 있다는 사실조차 잊은 채
문 밖에 서서 머뭇거리는 언어와 저
드넓은 창공을 쳐다보며
목말라 칭얼거리다가 배냇짓을 하기도 했다

그러나 오늘은 그녀가 날개를 활짝 펴고
이렇게 날아 올랐다

저 산마루 위 솔개 한 마리
급선회 비행을 하다 무슨 생각에 잠겼는지
홀로 떠서 가만히 정지 비행하는 그림이
봄 하늘 속 가득 펼쳐진다

어렸을 때 팽이를 많이 쳤다. 신나게 팽이를 치고 잠깐 쉴 때 어느 한 순간 팽이가 꼿꼿하게 서서 꼼짝도 하지 않는 때가 있다. 그러한 신비로운 광경을 경이로운 눈으로 쳐다보곤 하였다. 팽이가 아직도 돌고 있다는 사실도 잊은 채. 지고의 아름다움이란 그러한 것이 아닐까.

눈 먼 사랑의 열병에서 회복되어 세상을 보다 넓게 냉정하게 바라볼 수 있는 상태가 되었을 때가 비로소 진정 사랑을 이야기할 수 있는 때가 아니겠는가. 사랑은 그렇게 "길들여"지고 다듬어지고 만들어지고 다시 새로운 삶을 시작할 수도 있는.

오랫동안 병과의 힘든 싸움에서 이긴 그녀의 얼굴이 무척 평화로와 보인다. 이제, 환희의 송가라도 불러야 될 것 같다.

중심

송종규

그가 힘겹게 카트를 밀고 간다
소금은 언제부터 그의 보행에 익숙해져 왔는지 헐거운
비닐봉지 안에 펑퍼짐하게 퍼질러 앉아 있다
찌그러진 양재기 속에서 와글거리는 미꾸라지들
그 옆에 둥그란 알타리 그 아래 또
두루마리 화장지
결국 알타리가 바퀴의 중심을 잡고 있는 셈이다, 아니
와글거리는 미꾸라지들의 몸부림이 카트의 균형을
잡고 있을 것이다, 아니 퍼질러 앉은 비닐봉지 속
소금 덩어리들이 낡고
기울어진 그의 중심을 잡고 있을 것이다

내 호흡의 고저장단 끌고 가던 바퀴가 내게도 있었을 것

뒤축 닳은 신발 아래
악착같이
세상과 몸 꽉 조여주던
나사못 같은 중심도 내 몸 안에 있었을 것,

그의 카트 위에 구름과 햇살 소복하게 실려간다
나이를 먹는다는 건 저렇게 단순하고 느려지는 행보 같다
오래된 그의 몸이 느릿느릿
세월 저편으로 실려 나간다

참을 수 없는 존재의 가벼움이라 했던가. 버거운 세월의 무게에 눌려서 위축되고 진액이 모두 빠져나가 허허로운 느낌, '나를 중심으로 한 세상'에서 밀려 생의 무대 가장자리의 방관자의 대열로 합류되는 듯한 느낌, 이런 소슬한 슬픔을 이제는 감내해야 되는 것인가. 모진 세월의 풍화작용에 의해 씻겨나가고 쓸려나가는 존재의 가벼움에 대해 아련한 둔통을 느끼지 않는 사람이 어디 있으랴. 그러나 나이를 먹어가는 자들이여, 실망할 필요는 없다. 젊음의 혈기, 자만과 분노 그리고 좌절의 사슬에서 벗어날 수 있는 가벼움이라면 오히려 "구름과 햇살 소복하게 실려" 가는 행복을 누릴 수 있는 특권을 얻게 되는 것일 터이니까.

나는 오늘도 나를 염殮한다

손현숙

화장이 조금씩 짙어지더니
모자 속으로 새치머리 꼭꼭 감추더니

들린다, 염殮하는 듯
누가 천천히 내 몸을 동이는 소리
발가락부터 삼베 끈으로 사정없이 꽁꽁 묶어서
나를 지워버리는 팬티가, 브래지어가, 올인원이, 스타킹이, 반지가, 팔찌가, 가방이, 구두가, 장갑이, 안경이, 머플러가, 헤어밴드가, 캉캉치마가, 남편의 목을 매는 넥타이까지 살살 나를 달래면서, 어르면서, 마침내 어디론가 몽땅 끌고 가버리는

저, 무지막지하게 조여 오는 침묵의 끄나풀들
지금 내 몸의 어디쯤을 싸매고 있는 걸까?

모자 벗고, 속눈썹 떼고, 입술 지우고, 벨트 풀고,
고스란히 내가 나를 부려놓으면
가벼울 수 있을까?

색色을 쓰며 저 혼자 빵빵하게 부풀어서
나는 무사히, 저물고 싶지 않은 거다

아름다움을 향한 인간의 욕망은 새삼 이야기할 것이 못된다. 세상을 떠나는 사람도 마지막 순간까지 자신을 최대한 아름다움으로 감싸고자 한다. 다른 사람의 힘을 빌어서라도. 살아있는 사람 못지 않게 목욕재계하고 깨끗한 새옷으로 갈아 입는다. '염'은 죽은 사람 대신 산 사람이 그 일을 대행하며 새삼스럽게 죽은 사람과의 타협이 필요치 않는 너무나도 자명한 인간의 바람일 것이다.

아, 그런데 산 사람한테도 염을 한다니, 참 놀라운 일이 아닐 수 없다. 늘상 보아 왔고 해왔으면서도 깨닫지 못했다. 아름다움을 향한 인간의 욕망은 거의 본능적이라 할 수 있다. 심지어는 부모로부터 물려받은 '신성한' 얼굴을, 신체를 변형시켜 가면서까지 소위 '미의 기준'을 만족시키기 위하여 안간힘을 쓴다. 정말이지, "저물고 싶지 않은 거다". 나르시스적인 면도 없지 않다. 그러다 보니 요즈음에는 모두 비슷해 보인다. “색을 쓰며” 모두 “빵빵하게 부풀어서”. 이렇다는 것은 결국 개성이 사라졌다는 것이다. 개개인의 매력인 개성을 버리고 있는 것이다. 심한 편견과 왜곡된 가치관에 의해 ‘대한민국’이 흔들리고 있는 것이다.

아, 몰개성의 시대여! 자신을 회복하라!

봄밤

이재무

입덧 앓던 나무 몸 안쪽에 품었던
꽃송이 꾸역꾸역 토해낸다
아프고 환하게 태어나는 신생들
신호대기 앞에서 자동차가 그러하듯이
달려오던 시간 급브레이크 걸고 우뚝 멈춰 선다
갓 태어난 아이들로 봄 뜰이 온통 시끄럽고 분주하다
저 순결의 자식들은 한 열흘 무겁고 칙칙한 세상,
날렵하게 날개 펴 경쾌한 스텝의, 황홀한 춤으로
맘껏 희롱하다가 소리 소문 없이 잠적할 것이다
그러거나 말거나 내 몸은 식을 줄 모르는
더러운 쾌락의 관성으로 나날이 두꺼워져 간다
이 밤 누군가는 무덤까지 지고 가야 할
저만의 내밀한, 탕감 받을 길 없는

죄의 비밀로 몸서리치며

몸속에 쟁인 뜨건 울음의 긴 끈을

아무도 몰래 끝없이 꺼내고 있을 것이다

아이스크림이 녹아내리듯 봄밤이 흐르고 있다

아들이 개를 좋아하여 시골에 내려가 개를 키우면서 산다는 친구가 있다. 자주 내려가서 만나볼 처지는 안 되지만 수시로 전화를 주고 받는다. 그의 이야기 중에는 어렸을 때 빨리 세상을 떠난 어린 여동생과 최근에 세상을 등진 조카 이야기가 자주 등장한다. 그는 자주 그 여동생과 조카가 눈 앞에 어른거려 마음 아프고 괴롭다고 한다. 이러한 것은 통상적으로 사람들이 겪는 경험과는 다른 좀 심한 경우에 속한다고 할 수 있다. 어렸을 때 죽어가는 동생의 모습에 지금도 심한 마음고생을 한다고 하니 소위 '망령'에 사로 잡힌 상태로 옛날 같으면 굿이라도 해야 한다는 말이 나왔을 터이다. 더욱이 최근 사랑하는 조카가 불의의 사고로 세상을 떠나자 그 증상은 더욱 심해 졌다. 친구가 그들 죽음과 무슨 상관이 있었겠는가? 하지만 그는 그들에게 자신이 전혀 아무 도움도 되지 못하였다는 것으로 아직도 "몸 속에 쟁인 뜨건 울음의 긴 끈을" "끝없이 꺼내고 있"는 것이다.

나는 대학시절 한 때 신학에 심취한 적이 있었다. 날이 새도록 성경을 탐독했으며 관련서적을 섭렵하였다. 그러던 중 고교선배의 소개로 한 나이 드신 목사님을 알게 되었고 그분한테서 신학 수업을 받게 되었다. 다른 사람들은 어렵고 재미없다고 모두 기피하였기 때문에 '나홀로' 학생이 되었다. 매주 일요일 두세 시간씩 수업은 거의 1년동안 계속 되었다. 워낙 종교적 호기심이 많아서 나는 결코 지루하지는 않았다. 그렇지만 내 나름의 의혹도 많았고 받아드릴 수 없는 것도 없지 않았다. 가끔은 목사님의 나에 대한 큰 기대가 나를 부담스럽게 만들기까지 하였다. 그런 와중에 나는 본의 아니게 폭탄선언을 하게 되었고 그것은 다시금 뜨거운 논쟁의 전운을 불러 일으키고 있었다.

—목사님, 그 동안 제가 생각한 바로는 이렇습니다.
성부, 성자, 성신, 이들 모두가 결국은 아무 것도 아니라는 것입니다.

—아니, 왜 그런 생각을 하는가, 어째서 아무 것도 아니란 말인가, 이제까지 공부해 왔으면서…….

—목사님, 종교에는 논리적으로 풀 수 없는 매우 시적이고 예술적인 것이 많다고 생각합니다.

나르치스에 항변하는 골드문트처럼 나는 그렇게 목사님을 떠났다. 참 철없던 시절의 호기였다고 생각한다. 그 이후로 한 번도 그분을 다시 뵌 적이 없었지만 가끔 우리 부모님은 그분을 만나셨다고 한다. 그 당시 그에게는 그 일이 엄청난 충격파였음을 나는 깨닫지 못했다. 지금 이미 고인이 되셨을 그분께 참 죄송스러운 마음을 지울 수 없다. "아이스크림이 녹아내리듯 봄밤이 흐르고 있다." 어찌 봄밤 뿐이랴.

그 골목에 하모니카 소리

김선태

어린 시절, 우리 마을엔 하모니카를 잘 부는 머슴이 한 명 살았습니다. 그는 저녁이 오면 마을 골목길을 느릿느릿 휘돌며 하모니카를 불었습니다. 비가 오나 눈이 오나 어김없이 하모니카를 불었습니다. 청승을 타고 났는지 그가 부는 노래는 무엇이건 모조리 슬펐습니다. 마을 사람들은 구성진 그의 하모니카 소리를 좋아하였습니다. 저녁밥을 물리고 나면 으레 그 하모니카 소리를 기다렸습니다. 모두들 하모니카 소리를 듣다가 깜박 잠이 들곤 하였습니다. 그 애잔한 하모니카 소리에 덥혀 나의 잠도 일찌감치 슬픔 쪽으로 기울었습니다. 그러던 어느 늦가을 하모니카 소리가 뚝 끊겼습니다. 알고 보니 그가 홀연 우리 곁을 떠났습니다. 바보같이 아직 총각 딱지도 떼지 못한 채 떠나버렸습니다. 그후로 골목엔 무거운 정적만이 감돌았고 사람들도 하나둘씩 마을을 떠나갔습니다. 이제와 생각해보면 그는 마을 사람들의 가난과 슬픔을 달래준 가수였습니다. 지금도 가끔씩 폐허의 빈 골목을 거닐다 보면 옛날 그 하모니카 소리가 아련히 들려오는 듯합니다.

나는 어렸을 때 무척 하모니카를 좋아하였다. 그 시절 학생이 있는 집이라면 어디든 하모니카 하나쯤은 갖고 있었으리라고 생각되는데 동네 여기저기에서 하모니카 소리를 심심치 않게 들을 수 있었다. 그런 하모니카가 갖고 싶어서 어머니를 졸라댔지만 폐가 나빠진다는 이유로 사주지 않으셨다. 할 수 없이 나는 용돈을 모아 겨우 한 옥타아브만 있고 떨림판도 한 줄만 있는 작은 하모니카를 구할 수 있었다. 그걸로 제법 "구성진" 가락도 읊곤 하였는데 그 머슴이라면 아마도 나의 하모니카 선생님으로 모셔도 됐을법한 생각이 든다.

2002년도의 '월드컵'은 대한민국의 가장 큰 축제이었다. 남녀노소, 상하좌우, 동서를 막론하고 해방 이후 그렇게 모두 하나가 된 적은 없었다. 그야말로 개벽이었다. 태극전사들의 동작 하나하나에 온 국민이 웃고 울었다. 축구에 문외한이었던 나도 열광하였고 붉은 옷을 입고 '붉은 악마'가 되었다. 인간이 인간다워지고 인간으로서의 자부심을 갖게 되는 것은 분명 문화라는 것 때문일 게다. 개인이나 공동체에 삶의 의미를 부여하고 살맛나고 신명난 세상을 만들어 주는 문화활동, 그 중심에 스포츠맨, 시인, 예술가 등이 존재함을 결코 간과할 수는 없을 것이다.

어느 날 신명이 사라졌다. 양념이 없어졌다. 소금이 사라졌다. 덩달아 마을 사람들도 떠나갔다. 왜 "바보같이" 그는 떠나버렸을까? "마을 사람들의 가난과 슬픔을 달래준 가수"가. 아무튼 그는 마을의 '박지성'이었고 '백건우'이었고 '사라 장'이었다. 그 "청승"맞은 하모니카 머슴이 그리워진다.

안개 당신

김왕노

안개란 당신, 있으나 잡으면 잡히지 않는 안개라는 당신 모두가 돌아간 밤, 세상에서 안개로 피어오르는 당신, 끝없이 자욱한 당신, 안으면 한없이 안겨오나 실체가 없는 당신, 안개라는 당신, 당신이 길을 막고 시야를 가려도 원망할 수 없는 당신, 안개란 당신, 당신 안에서 모든 게 지체되어 슬픔이 내 오랜 동료, 안개란 당신, 미루나무보다 더 키 큰 당신, 벌판보다 더 넓은 당신, 강보다 더 깊은 당신, 안개란 당신, 어디나 있으나 어디나 없으며 날 외롭게 하는 안개란 당신, 까르르 웃으며 안기고 싶은 당신, 안개란 당신, 참 많은 당신, 전혀 없는 당신, 안개란 당신

말없이 인기척도 없이 안개처럼 와서 우리집 주위를 배회하던 사람, 빼꼼히 내 모습을 드러내면 쑥스러운 듯 천사 같은 미소 한 조각

남겨놓고 안개처럼 사라지던 사람, 그래서 다음번에는 우리집 주위에서 서성이고 있다는 걸 알면서도 행여 도망가 버릴까 봐 반갑다고 나설 수도 없었던 사람, 그러면서도 같이 합창도 하고 같이 음악회도 가곤 했던 사람, 그리움의 염증이 가실만 하면 어디에선가 다시 안개처럼 나타나 염증을 곪게 만들던 사람, 한 번도 사랑고백을 해 본 적이 없던 사람, 그러면서도 서로 사랑했던 사람, "안개 당신".

통화권이탈지역

고형렬

문득, 통화권이탈지역으로 들어오고 말았다
소란한 세상을 닫아건 잎들의 무늬를 읽는다
그대 잠시 두리번, 결락된 감각을 찾는가
소리 없는 엽록체의 통화권이탈지역은
동물들의 울음과 이동이 찍히지 않는 영토
이 영역은 우리에게 불가침지역에 해당하며,
소통의 소란은 작은 묵상도 헝클어놓는다
나는 주머니 속의 열쇠를 저 밖으로 던진다
고리가 열리고 날개가 파닥이면 나는 그제사
그들의 이름을 부를 기회를 놓치게 된다

그러므로 리보솜의 머나먼 기억에서 사라진다
산을 식물보호권역 개념으로 집약한다는

뜻밖의 기층 속에서, 영역 밖을 내다본다
서 있는 그림자들이 얼굴을 일그러뜨린 채
손바닥의 무언가에 얼굴을 묻고 엿듣고 섰다
나는 이제, 독특한 통화권이탈지역을 갖는다
여기서 그 모든 분란의 소통은 차단되었다
빛은 떠나고, 혼돈이 거니는 어둠 한쪽
완전 통화권이탈지역에서 너와 나는 오래 전
서로 잃어버린 것을 조용히 만지고 있다

브라질과 페루 국경지대 아마존 열대우림지역에서 새로운 원시부족이 발견되었다. 이들은 온몸에 붉은 색을 칠하여 '붉은 원주민족'이라 하였는데 전세계에는 아직도 외부와 단절된 채 삶을 살아가는 원시부족이 100여 개에 이른다고 한다.

'문명과의 단절'하면 아직도 나에게는 영국의 단편소설 작가로 유명한 James Hilton의 「잃어버린 지평선」(Lost Horizon)이 생각나곤 한다. 거기에서 유래한 이상향, 꿈의 낙원인 '샹그릴라'는 모든 사람의 이상향의 모델이 되었고 나도 그 꿈의 낙원에 대한 동경을 완전히 떨쳐버릴 수가 없다.

"소란한 세상을 닫아건" CCTV같은 감시의 눈도 시간감각이 없는 휴대폰도 필요없는 신성 "불가침 지역"은 어디인가? 마틴부버Martin Buber가 이야기한 진지한 인간과 인간의 관계를 갖는 "너와 나"가 "오래전 서로 잃어버"렸던 것을 조용히 회복할 수 있는 "완전 통화권이탈지역"은 어디에 있는가? "독특한" 그만의 "통화권이탈지역"을 갖게 된 그가 부러울 따름이다.

몸의 맛

황동규

엉뚱한 공들이 이따금 넘어다니는
엉성한 서울대 야구장 철책담장 밖에서
4밀리 갸웃 홍자색 꽃잎들을 피우며
있는 듯 없는 듯 몸 낮추고 여름을 보낸 이질풀,
눈여겨보니 벌써 꽃잎 떨구기 시작하고,
꽃잎 내린 씨앗 주머니 몇은 미니 샹들리에 형상으로
다시 풀 속으로 몸을 숨기고 있었다.
발걸음 멈추고 한참 찾아야
간신히 서로 눈 맞출 수 있는 이질풀꽃,
너도 알고 있는가,
삶의 크기가 졸아들수록 농도만 짙어가는
땀 냄새 침 냄새 눈물 냄새 속에서
시리고 황홀하고 저렸던 몸의 맛을?

우연인 듯 나비 더듬이가 몸을 더듬던 촉감,
벌이 처음으로 몸에 빨대를 대던 순간의 느낌,
온몸의 핏줄 떨게 하던 저 뜨거운 여름비의 노래를?
일단 맛본 삶은 기억이 꽃잎처럼 떨어져나가도
몸 속 어딘가 지워지지 않는 결들로 남아 아린 것.
이제 막 꽃잎을 내리는 이질풀,
너도 뇌를 묶은 끈들을 잠시 느슨히 풀고
이 생각 저 생각 머릿속에 담고 퍼내다가
삐익 소리와 함께
저 세상 불빛을 한 순간 미리 본 적이 있는가?
시간의 바퀴가 삶의 아린 결들만 남기고
우리 몸을 통째로 뭉개려 들 때.

이질풀은 쌍떡잎 식물 쥐손이풀목 쥐손이풀과의 여러해살이 풀로 산과 들에서 자라며 노관초라고도 한다. 약 50cm의 작은 키로 6~8월에 연한 붉은색, 붉은 자주색, 또는 흰색의 꽃을 피우는데 꽃도 1~1.5cm로 아주 작다. 열매는 1~1.2cm정도 크기의 삭과로 5개로 갈라진다. 많은 양의 타닌과 케르세틴이 들어 있어 소염, 지혈, 수렴, 살균 작용이 있고 민간에서는 대장 카타르, 이질, 위궤양, 십이지장

궤양 등에 약재로 사용된다고 한다.

이질풀이 꽃잎을 떨구기 시작하고 씨앗이 생길 때가 되었으니 여름도 거의 지나갔나 보다. 삶의 "기억이 꽃잎처럼 떨어져 나"간 몸에서 "시리고 황홀하고 저렸던 몸의 맛을" 누군들 잊을 수 있으랴. "삶의 크기가 졸아들"어 더욱 진득진득해진 땀, 침, 눈물의 기억들, 몸속 깊이 박혀 지워질 수 없는 "결들로 남아 아린"다. 그렇지, 뭔가 잘못 살아왔다는 허무한 생각이 불꽃처럼 튄 적이 있었지. 우리 몸을, 마음을, "통째로 뭉개려"는 음모(?)가 도처에 숨어있는 각박한 현실의 틈바구니에서 가쁜 숨을 몰아 쉴 때, "저 세상 불빛"이 허옇게 반짝였지. 중랑천변에 허연 배를 드러내놓고 가는 숨을 몰아 쉬던 물고기 떼, 그 창백한 현실에서 "시간의 바퀴가" 좌절, 분노, 비애를 남기면서 횡포를 부릴 때.

화창한 날

신현정

집을 돌았다

분꽃을 따 입술에 물고 분꽃을 불면서 돌았다

분꽃 꽁무니가 달착지근했다

장닭을 불면서 돌았다

볏이 불볕 같은 장닭을 불면서 돌았다

나도 목을 길게 빼올리고는 꼬끼오도 해보면서 돌았다

개를 불면서 돌았다

담장을 훌쩍 넘어가라고 애드벌룬만하게 개를 불면서 돌았다

고무호스를 불면서 돌았다

고무호스를 하늘로 치켜올리고 부웅 부웅 불며 돌았다

벌떼소리를 내면서 돌았다

먼 골짜기 물소리를 내면서 돌았다

맨발로 돌았다

집을 불며 돌았다

집이 사방을 빵돌아 열려졌으면 하고 집을 불면서

집을 돌았다.

쫑쫑쫑 노란 병아리가 되어 돌았다. 고양이가 되어 돌았다. 나비가 되어 돌았다. 집이 돈다. 지구가 돈다. 우주가 돈다. 화창한 날에는 한 마리 나비가 되고 싶어진다. 훨훨 날아 텃밭 구경을 하고 꽃을 감상하다가 담을 넘어 이웃집 마당을 기웃거리다가 시냇가에 잠깐 머물러 흥겨운 물소리도 감상하다가 다시금 하늘로 올라가 따사로운 마을을 내려다보다가 빨래하는 아낙 옆에서 빨래방망이 소리를 듣다가 꽃 위에 잠시 쉬면서 푸른 하늘을 감상하다가 눈부신 햇살에 마음껏 취해 보는 것이다. 두 눈 스르르 감고 시원한 공기를 마셔보는 것이다. 나비가 되어 집을 돌다가 이루지 못한 꿈을 꾸어 보다가 ……, 환하게 "맨발로 돌아"보는 것이다. "분꽃을 불면서", "벌떼 소리를 내면서", "먼 골짜기 물소리를 내면서", 집이 우주로 통하도록 "집을 불면서" 집을 도는 것이다. 그런데 환한 얼굴에 글썽이는 눈물은 웬일이냐?

수평선

송재학

이건 화살이다 촉과 오늬는 너무 멀어 보이지 않지만 슴베의 화살대는 입 꾹 다물고 하늘과 바다의, 틈새의, 기억을 찾았다 이건 어딘가 맹렬히 꽂히기 위해 달려가는 중이다 아주 낮게 수면에 밀착하고, 우레와 일체가 되어 생을 알기 위해 날아간다 이건 嚆矢, 보이지 않거나 너무 많은 과녁을 향해 날아가면서 울고 있다 식솔도 버려둔 채 오래전에 시위를 떠났기에 바짝 여위어 흰 선뿐이지만 스스로 혐오가 되어 수평선 화살에 꿰이던 침묵도 있었고 수평선과 늘 평행이었던 隱者의 발자국도 있다 그리고 그 뒤 다시 시위를 떠난 천 개의 화살이 앞장 세운 수평선이 꽁지까지 따라왔다

아득하다. 내일의 기상도가 보이지 않는다. 풍향계는 계속 흔들리고 풍속계도 녹이 슬었다. 나의 구겨진 역사의 시작은 어디인가. 태

어나는 순간 팽팽했던 시위에서 튕겨 나와 정처없는 여행길로 떠밀려졌다. 알 수 없는 무한한 "틈새"의 "기억"을 찾아서.

최고속도로 질주하던 화살이 동력을 잃어가면서 주춤거리지만 아직도 "과녁"은 보이지 않는다. 바람의 운명은 결코 과녁을 보여주지 않을 것이다. "바짝 여위어" 무한대로 가늘어지는 "슴베의 화살대"는 아직도 "생을 알기 위해" "맹렬히" "달려가는 중이다."

잊고 싶은 사건들, 아픈 기억들을 "수평선 화살"에 꿰어 바위처럼 인내하던 "침묵"의 나날들, 슬럼프에 빠지고 때론 죽음의 병에 걸려 어둠의 나락을 헤매기도 했던 무거운 "발자국", 정체성의 혼돈 속에서 "날아가면서 울" 수 밖에 없었던 날들이 아득한 수평선에 얼비친다. 오늘 일이 밀려 있다고 내일이 기다려주지 않는다. "바짝 여위어 흰 선" 뒤로 세월은 밀려오고 "다시 시위를 떠난" 수많은 "화살"이 따라오고 있다. 시작과 끝을 알 수 없는 수평선. "생을 알기 위해 날아가"는 화살이 끝도 없이 따라온다. 어차피 생은 영원한 수수께끼 아니던가.

피아노

장태숙

그날, 온 몸에 하얀 등불 수백, 수천 개 밝힌 목련나무
아래에서 듣던 피아노 소리
텅 빈 휴일의 교정에서 음표들이 나비처럼 꽃잎처럼
출렁출렁 날아서 또르르르르르— 굴러가기도 했는데
열여섯 살 단발머리 나는 머릿속이 구름 뭉실뭉실
하얘지면서 화구畫具 두 손에 단정히 그러쥐고도 무엇에
이끌리듯 미술실 대신 음악실 쪽으로
꼭 무엇에 딸려가듯

유리창 너머로 엿본 피아노 건반 위의 흰 손
날렵한 손가락이 토해내는
수많은 언어의 애련한 뭉클거림을
스타카토로 떨어지는 빗방울을

통통통 뛰어가는 작은 새의 뜀박질을
광주리에 잘 익은 자두 담듯
점점 붉어지는 가슴에 쌓고 있었는데

그 향기의 흔적 오래오래 지워지지 않고 목련꽃 눈 환한
날에 스멀스멀 기어 나와 묵은 앨범 뒤적이며 보채면
포르말린 속에 담긴 내가, 뜬금없는 열여섯 살 단발머리
내가 가슴 한 쪽이 불붙듯 후드득 떨려오는 것이다.

소년은 음악과 미술을 좋아하였다. 노래를 좋아해서 교내 어린이 합창단에서 활동하기도 하였다. 날씨가 좋은 날에는 장독대에 스케치북을 펼쳐놓고 집 주위의 풍경을 그리곤 하였으며 가끔 가까운 야산에 혼자 올라가 따사한 동네를 내려다보며 그림을 그리곤 하였다. 골목길을 지나 집으로 돌아가는 도중에 피아노 소리가 들리면 그 집 앞이나 담 밑에 서서 피아노를 치고 있을 아리따운 소녀를 상상하며 꿈같은 음악 속에 젖어들곤 하였다. 그 당시에는 피아노 있는 집이 매우 드물던 시절이었으므로 피아노는 부러움의 대상이었고 가정환경 실태조사에서 특별 취급(?)되는 재산목록 중의 하나였다. 안타깝게도 소년의 집에는 피아노가 없었다. 그래서 학교나 아는 집에서 학

교 음악선생님의 지도를 받으며 동냥 피아노를 치곤하였다.

미술학도인 열여섯 살의 단발머리 소녀는 어느 휴일 학교 미술실로 가던 중이었다. 그런데 뜻밖에 활짝 핀 목련나무와 "음표들이 나비처럼 꽃잎처럼 출렁출렁 날아"다니는 피아노 소리를 만나게 된다. 그것은 사이렌의 노래처럼 그를 음악실로 이끌어 간다. "유리창 너머로 엿본 피아노"의 주인공은 누구였을까. 지금도 "가슴 한 쪽이 불붙듯 후드득 떨려오"게 했던. 요즈음 같은 현대적인 도시에서, 아니 시골에서도 이런 아름다운 풍경은 그저 상상화에 불과한 것일까. 보이는 것은 삭막한 도시사막이고 들리는 것은 소음뿐이다. 그러니 모든 것이 강팍해질 수밖에. "날렵한 손가락이 토해 내는/ 수많은 언어의 애련한 뭉클거림"이 "스타카토로 떨어지는 빗방울"이 "통통통 뛰어가는 작은 새의 뜀박질"이 자꾸만 그리워지는 소이이다.

꽃과 저녁에 관한 기록

고영민

노을이 붉다. 무엇에 대한 간곡한 답례인가. 둑방에 매어있는 염소 울음소리가 하늘자락 끝까지 들렸다. 배롱나무가지엔 꽃이 얼마 남아 있지 않다. 백일 동안 붉게 핀다는 이 꽃은 언제 처음 이 가지 끝에 달렸을까. 문간에 앉아 담배 하나를 피워 물고 가늘게 눈을 찌부리며 꽃의 처음을 생각했다. 저 꽃은 자신의 진분홍이 내내 설을까. 하루 하루 지워나가는 백일의 생은 무엇이었을까. 아마도 잠들지 못한 날들이었을 것이다. 끝물의 꽃은 처연하면서 아름답다. 하지만 그 기억도 이젠 곧 희미해질 테지. 파밭 사이로 그때나 지금이나 지루한 몇 채의 함석집이 놓여 있고 미루나무가 서 있고 둑방 너머의 갯벌 한쪽 염전에는 삐그덕, 수차를 돌리는 검은 실루엣이 보일 뿐이다. 더 어두워지면 그도 저 둥근 쳇바퀴를 내려와야 할 것이다. 하지만 나에게도 그에게도 오늘 이 하루 등 뒤에 고스란히 남는 것은 흰 소금꽃 뿐. 또 백일을 고스란히 살아 버린 꽃이 저녁바람 속에 한 숭어리로진다. 그리고 풍경의 어떤 것도 그 떨어진 꽃을 다시 줍지는 않는다. 울음소리로 보아 멀리 논에서 놀던 오리들이 이젠 제 집으로 가고 있다.

간곡한 것은 붉은 것인가. 그래서 진분홍이 내내 서러웠을까. 그래서 그의 생이 필시 잠들지 못한 날들이었을까. 우리의 생명을 유지하는 것은 "붉은"것이다. 붉은 피톨이다. 붉은 피톨의 일생이 120일 정도이니 우연히도 배롱나무의 꽃의 수명과 비슷하다. 붉은 피톨도 일생을 잠을 자지 못하고 보낸다. 그만큼 "간곡한" 삶을 살고 있는 것이다, 우리의 생명을 위해서. 그래서인지 "붉은" 이미지는 섬찟하기도 하지만 뜨거운 생명의 용트림이 느껴지기도 한다. 우리 국민이 하나됨의 축제에 열광했던 것도 "붉은" 태극전사와 "붉은"악마 때문이 아니었던가. 하지만 모든 것에는 끝이 있는 법. "백일을 고스란히 살아버린 꽃"도 떨어지고 아무도 "그 떨어진 꽃을 다시 줍지는 않"을 것이다. 시간이 가면 서서히 잊혀지고 당신에게나 나에게나 "등 뒤에 고스란히 남는 것은" 힘들었지만 열심히 살아왔던 흔적인 "흰 소금꽃뿐"이다. 그러나 부끄러워하지 말자. 서러워하지 말자. "끝물의 꽃"은 이처럼 "처연하면서"도 "아름다운" 것이려니. 생의 마지막에 가장 아름다운 울음을 선사하며 죽어가는 '가시나무 새'처럼.

떠나는 말

박흥식

그대 내게로 오는 말이 있습니다
그대 내게로 오기 위해
감춰버린 말이 있습니다
어둠보다 깊은
내게서 그대에게로 가다
멈춰버린 말이 있습니다
그리고 먼 훗날
폭우 속 먼 들판
멀리 가는 기찻길을 따라 흩뿌려질
말
다시 돌아오지 않기 위한 말
사람이 세상에서 가장 무섭다는
사람의 말이 있었습니다

잠깐이라지만.

혹시 머리와 손이 엄청나게 크고 하체는 아주 보잘 것 없는, 그 중에서도 특히 입과 손이 현저하게 큰 기형적인 인간을 본 적이 있는가. 아마도 만화나 SF영화에서도 본 적이 없을 것이다. 그렇지만 그 기형인간은 우리들 모두의 모습이다. 인간의 모습이란 이야기이다. 그 때문에 인류는 다른 동물과 구별되는 화려하고도 장대한 역사를 이룩해 왔다. 그 기형적인 특성 때문에 어두운 역사와 비극 또한 양산되었다.

신경세포가 모여 있는 뇌의 표면을 신체 각 부위가 차지하는 면적에 따라서 그림을 그려보면 위에서 이야기했던 기형적인 사람이 탄생하게 된다. 그 그림이 보여주는 것은 입과 혀에 관계되는 세포가 차지하는 면적이 다른 장기보다도 비교를 할 수 없을 정도로 훨씬 넓다는 것이다. 즉 이것은 인간의 삶에서 입과 혀의 역할이 중차대함을 의미한다. 입과 혀는 양날의 칼로, 사용하기에 따라서 행복을 가져오기도 하고 비극을 초래하기도 한다. 말 한마디로 천냥 빚을 갚기도 하고 말 잘못해서 패가망신하기도 한다. 그대 나를 위하여 차마 할 수 없었던 "감춰버린 말"이 있음을 안다. 나도 그대에게로 가다 "멈춰버린 말"이 있다. "다시 돌아오지 않기 위한 말/ 사람이 세상에서 가장 무섭다는" 것이 "사람의 말"이 아닐까. 대저, 혀를 놀림에 말함에 있어 신중에 신중을 기할 일이다.

혀와 내장과 그 거리

차주일

여자가 엄지를 물고 펄펄 뛴다
뚝배기에 박혀 있던 마포설렁탕 다섯 글자와
아 뜨거, 쯤으로 들리는
삼십 년은 족히 묵었을 월남 말 세 음절
바닥에 깨어져 있다
이곳에서 사라진 소리들
지구 한쪽에서 천둥으로 나겠다
나뒹군 내장과 선지 덩어리들 사이에서
혀 한 점이 바닥을 핥는다
서울과 하노이의 거리를 유지하고 있는
혀와 내장은 가까워지지 않는다
혓바닥을 진동시켜 낸 월남여자의 황소울음이
흑백 가족사진 한 장을 내 고막에 인화한다

사진은 두려움의 눈빛만큼 어두워진다
주인 할머니가 혀와 내장을 쓸어 담고
마포걸레로 그 거리를 지운다
월남여자의 울음소리가 인화지처럼 마른다
할머니가 설렁탕 한 그릇을 쟁반 없이 들고 온다
펄펄 끓는 탕 속에 엄지 한마디 잠겨 있다
탕 속의 혀가 젖꼭지를 빤다
할머니 온몸이 쪼그라든다
나는 뚝배기에서 온습한 열대기후를 떠먹는다
두려운 눈빛 사라지는 가족사진에서 선지빛이 돈다
하노이 맑은 하늘빛이 내 고막에서 묻어난다

요즈음 전국 어디에서나 외국인을 만난다는 것은 이제는 일상적인 일이 되어버린 듯한 느낌이다. 도회지의 거리에서 지하철 안에서 그들을 보는 것은 그저 평범한 일상의 한 부분일 따름이다. 도회지뿐만 아니라 시골에서도 마찬가지이다. 시골 도로변의 과일상점에서 베트남 출신의 젊은 여자들을 여러번 본 적이 있다. 한국 농촌으로 시집온 아낙들이다. 그들을 보면 무심코 지나칠 수만은 없는, 마음 한 쪽에 그늘이 드리워지는 심사를 지울 수가 없는 것은 웬일일까. 낯선 먼 이국땅에 와서 학대를 받는다거나 적응을 못하여 다시 돌아갔다는 말을 자주 들어서일까. “가까워지지 않는” “혀와 내장”. 외국인 노동자들에 대한 몰이해와 푸대접 또한 우리 마음을 아프게 하는 것들의 하나이다. ‘코리안 드림’을 꿈꾸고 가족을 떠나 온 그들, 어두워지는 “흑백 가족사진 한 장”. 우리나라 사람들이 회피하고 있는 힘든 일을 저임금으로 감당해 주고 있는 일꾼들, 고마운 사람들이 아닌가. 우리가 감사하고 감싸안아야 할 우리의 동료들인 것이다. 여수에서 병원을 운영하고 있는 나의 절친한 친구는 ‘여수 지구촌 사랑나눔회’라는 봉사단체를 이끌며 의료사각지대인 아프리카나 동남아시아 등지에서 봉사활동을 해왔고 중국쓰촨성 지진 피해지역이나 미얀마의 싸이클론 피해지역 이재민을 위한 성금모금 등 ‘사랑나눔’을 적극 실천하고 있다. 얼마나 아름다운 일인가. 인류애의 실천을 통한 국가발전과 지역발전 또한 덩달아 얻어지는 이득이 아닌가. ‘세계화’라는 의미가 새롭게 다가온다. 그렇다, 우리는 우선 가까운 이웃인 귀화 외국인들, 외국인 노동자들에 대한 인식을 새롭게 하고 약자에게는 사랑을 강자에게는 의연함을 보여야 한다. 어두워졌던 “가족사진에서 선지빛이” 돌도록. 그들 고향 “맑은 하늘빛이” 우리들 “고막에서 묻어”나도록.

집시파워

정재분

모눈종이
한 장으로 덮여 있는 하늘이라고
여기와 거기 사이
버드나무 솜눈 날리고

눈을 감는다
불빛뭉텅이 떠다닌다
모든 감각이 죽고
두 개의 귀와 손가락 지문만 살아 있다

허공을 더듬는다
공기의 입자 하나하나를 촉지한다 천천히
당신을 만지지 못하는 덩굴손은

곧 중력에 항복하고 말 것이다

며칠 째 케이옵스*의 울음을 듣는다
추억의 숙주가 된 숨소리가 위태롭다
늘 다른 삶을 꿈꾸는 당신을 보며
무릎을 가슴께로 말아 올린다

*케이옵스 : 벨기에 인, 월드 뮤지션.

날이 밝았는데도 두터운 잿빛 마분지로 가려진 하늘은 노란 빛살 한줄기 허락하지 않는다. 온 세상이 잿빛이더니 "여기와 거기 사이" 하얀 솜털이 날린다. 먼지처럼 흩날리다 제법 솜눈이 내리기 시작한다. 당신이 있는 곳에서부터 긴 여정을 거쳐 온 듯 소리없이 힘없이 하염없이 나를 향하여 곤두박질치며 춤을 추며 내려온다. 하늘을 지붕으로 한 무도장에서 유희를 펼치는 자유로운 영혼의 당신을 향한 나의 애달픈 향일성 안테나를 높이 세우며 눈을 감는다. 눈을 감을수록 환해지는 세상, 밝게 떠오르는 태양, 달, 그리고 주먹만한 별들……, 눈을 감고 보는 밝은 세상이다. 자유롭게 떠다니는 "불빛뭉텅이", 속세의 규범의 끈을 벗어난 영화로운 영혼들, 자유를 위한 노래와 춤만이 있을 뿐이다. 당신의 노래를 들을 수 있는 귀와 당신을 느낄 수 있는 손가락이면 족하니 더 이상의 행복이 존재할 수 있겠는가. 닿을듯 말듯 잡힐듯 말듯 "공기의 입자"를 더듬는 나의 손길은 애처롭다. 탈진되어 떨어질 때까지 "당신을 보며" "허공을 더듬"지만 추억의 성에서 흘러나오는 "케이옵스의 울음"만 들릴 따름이다. 볼 수는 있지만 만질 수 없는 당신, "늘 다른 삶을 꿈꾸는 당신"을 멀리서 바라보며 나는 위태로운 숨을 몰아쉬며 흐느낀다. 오, 그대, 자유로운 영혼이여!

목백일홍

정영선

장작을 화덕에 넣느라 숙인 그의 고개가 깊다
석양은 숯불을 핥고
마른 장작은 불꽃을 핥아 사방 타오른다
시뻘겋게 두 번째 살고죽는 나무처럼
그도 두 번째 살고 있는지 모른다
왕소금을 드문받은 돼지갈비 꿴 꼬챙이를 돌리며
불은 그래 가두어야 하지요
무슨 사랑이야기를 전하듯 그는 나직하다
이십 년 교단에 섰다가
이민가서 처자를 떨구고 혼자 돌아왔다고
그의 얼굴은 부끄러움에 불이 스민 색
뜰의 목백일홍이다
참나무 향이 불을 걸어 고기살속으로 스밀 때

그의 말을 따라 모래무지 아래 종소리 파편 흩어져 있는
이십 년 동안 낡고 있는 교실을 자박자박 걸어본다
그의 얼굴에서 저녁의 남은 빛을 헤아리는데
그는 여비를 모으면
미쳐 오거나 돌아오지 않기 위해 사막 낙타몰이꾼이 되겠다고
그는 아직도 오아시스를 찾고 싶은 걸까
일행은 식사가 끝난 뒤에도 한참을 식탁을 안고 있고
나는 그 남자의 어두운 길을 도굴꾼처럼 더듬거렸다

그에게 무슨 일이 생긴 것일까? 자못 궁금해 지는 건 아주 자연스러운 생각의 흐름일 것이다. 청운의 꿈(?)을 안고 조국을 떠나 정착한 낯선 땅, 그에게는 살아봄직한 곳은 아니었던 것 같다. "여비를 모으면 미쳐 오거나" 그렇지 않으면 "돌아오지 않기 위해 사막 낙타 몰이꾼이 되겠다"니 독자들이 헤아리기 어려운 힘들고 마음 아픈 일이 있었음에 틀림없다. 가족을 잃는 절망감에 어찌할 바를 모르고 헤매다가 몇 번이고 절벽 끝에서 세상을 원망하며 주먹만한 눈물을 흘렸음에 틀림없다. 이제와서 그의 뼈아픈 과거사를 들추어내어 무엇하겠는가. 그저 짐작하는 것만으로도 그의 고통과 한이 무겁게 전해 오지 않는가.

"시뻘겋게 두 번째 살고" 있는 나무, 숯덩이처럼 그도 "두 번째"의 삶을 짐짓 살고 있는 것일까. 그에게는 이미 "오아시스"는 존재하지 않는다. 일말의 희망이라도 있는 자에게 오아시스는 존재하는 것이다. 그는 이미 삶 자체에 비관적이며 회의적이다. 그는 아예 인간이라는 존재가 보이지 않는 곳으로 떠나가고자 한다. 현실은 그것을 위한 준비단계인 것처럼 보인다. 그에게 유일한 힘과 위안이 되는 것은 이민가기 전의 이십 년 동안의 교직생활이다. 추억은 아름답고 나락의 구렁텅이에서 헤맬 때 다시 구원의 빛을 볼 수 있는 힘을 선사한다. 그는 추억의 빛을 사막에서 찾고자 한다. 삶이 없어보이는 황량한 사막에서 말이다. 매우 가슴저리는 지독한 아이러니가 아닌가. "불은 그래 가두어야 하지요." 그렇지 못하면 재앙이 될 터. 회한에 가득찬 눈빛으로 "무슨 사랑이야기를 전하듯" 나직하게 이야기하고 있는 그의 모습이 불꽃 너머에서 가물가물하다. "오아시스", 꿈?, 샹그릴라?, 그럴 리가 없다. 그는 그저 자신을, 세상을, 잊고 싶은 것이다. 여비를 모으기 이전이라도 "두 번째"의 삶이 그에게 새로운 희망과 보람을 가져다 주는, "두 번째" 살고 있는 숯불처럼, 뜨겁게 타오르는 삶이 되기를 간절히 빈다.

생수

최금녀

장대비 내리는 여름 어느날

팔 다리 잘라 심어놓은
뭉뚱그려진 감나무와
그 등걸에 착 달라붙어 있는
감꽃 몇 개가 장대비 맞으며
조금만 참아라, 조금만 참아라,
걱정마세요, 걱정마세요
소곤거리는 소리

내 사는 일이 시들먹해진
가을 어느날
다시 그 집 앞을 지나가는데

하하 호호 시끌벅적해
올려다 보니 그 감나무
황금알같은 감 다섯 개 업고

지하 수천 미터 땅속 흘러가는 생수,
나, 그 산뜻한 생수 한 바가지 들이킨듯,
아, 사는 일이란
저리도 좋은 일이라.

바쁘다는 핑계로, 폐를 끼칠까 봐, 너무 멀어서, 만나기를 차일피일 미루어 오던 후배들을 드디어 만났다. 이번 달에도 못 만나면 올해도 그냥 지나가고 말거라는 아쉬움을 떨쳐버릴 수 없었다. 그래서 달력과 일정표를 유심히 살펴보며 미리 큰 맘 먹고 잡아놓은 스케줄이었다. 특히 이런 저런 모임이 많은 12월은 퍽이나 일정 계획하기가 쉽지 않은 달이다. 게다가 장소도 지방인지라 일과가 끝나자마자 서둘러 고속버스를 타고 서울을 빠져나가야 했다. 대전에 도착해서는 운 좋게도 별로 헤매지 않고 약속장소를 찾을 수 있었다. 대전시 둔산동 어느 분위기 좋은 레스토랑, 모두들 오랜만에 만났다. 그 중 한 사람은 20여 년만의 만남이었기 때문에 남달리 감회가 새로웠고

기쁨도 컸다. 그야말로 꿈같은 청춘이 흘러가버린 후의 특별한 해후 같았다. 우선 안부부터 확인하고 우리들만의 세계로 날아 들어갔다. 끝없이 풀려나오는 이야기 실타래의 실을 감아쥐며 나는 '행복 바이러스'에 감염되기 시작하였다. 그 바이러스는 독성도 강하여 나는 곧 깊은 '행복증후군' 속으로 빠져들었다. 우리는 가끔 '갈대숲'을 찾아가 '임금님 귀는 당나귀귀!'를 외치기도 하였다. 또 멀리 있는 가족을 그리는 노래를 부르기도 하였다. 오랫동안 묵혀두었던 묵은지 같은 이야기 보따리를 풀어 헤치면서, "내 사는 일이 시들먹해진" 어느날, "걱정마세요" 소곤거리며 "황금알 같은" 푹 고아낸 이야기를 "하하호호 시끌벅적" 떠들던 날, 나는 "지하 수천미터 땅 속 흘러가는 생수,/ 나, 그 산뜻한 생수 한 바가지 들이킨 듯," 희망처럼 흘러가는 삶의 한 자락을 붙잡아 보는 것이었다.

벽돌공장 그녀는

길상호

모래 속에 사는 물고기
세상 뭐 볼 게 있냐고
질끈 아래 위 눈썹 지퍼를 채우고
모래 씹으며 사는 물고기
물살의 부드러운 손길도 잊은 지 오래
푸른 물풀의 손짓도 잊은 지 오래
성긴 아가미로 시간을 걸러
사각 틀에 꾹꾹 다져넣다 보면
수북이 쌓여가는 모래벽돌
건들기만 해도 허물어질 몸으로
단단한 집 한 번 지어보겠다고
지느러미 쉬지 않는 물고기
몸에 박힌 모래 알갱이

햇빛 아래 반짝이는 비늘이라고
애써 흔들리는 웃음 지어보지만
낮잠 시간이 되면 아무데서나
무게를 못 이기고 스르륵
모래더미로 내려앉는 물고기

"모래 속에" 살았던 "물고기", 사촌누나가 그리워진다. 한 살 위인 누나와 나는 초등학교 시절을 같이 보냈다. 그리고 어릴 때여서 잘 모르겠지만 무슨 사정 때문인지 누나의 가족, 즉 큰집은 시골로 이사를 하게 되었다. 그후로 계속 도시에서만 살았던 우리집과는 집안 대소사나 방학 때라야 보게 되는 처지가 되었다. 큰집은 할아버지가 사시던 곳으로 이사를 하여 할아버지께서 물려받은 그리 크지 않은 땅을 일구며 살았는데 매우 형편이 어려웠던 것 같다. 여름에는 수박 참외도 재배하였고 뜰에는 감나무도 여럿 있었다. 큰어머니와 누나는 가끔 행상을 하면서 가계를 꾸려나가곤 했다. 무능하셨던 큰아버지에 대해서는 다음 기회로 미루기로 하자. 나는 혼자서도 가끔 큰집에 놀러가곤 하였는데 꽁보리밥으로 끼니를 때웠고 직접 재배한 과일이나 채소 등으로 나를 대접하곤 하였다. "모래 씹으며 사는 물고기"였던 사촌누나는 그래도 결코 천사 같은 마음을 잃지 않았다. "물살의 부드러운 손길도 잊은 지 오래" 되었고 "푸른 물풀의 손짓도 잊은 지 오래" 되었지만 새까맣게 그을린 얼굴에서 "햇빛 아래 반짝이는 비늘" 같은 미소를 결코 잃은 적이 없었다. "성긴 아가미로 시간을 걸러" 자신의 벽돌을 차곡차곡 쌓던, 몸에 모래 박힌 물고기. 내가 돌아올 때에는 한 번도 거르지 않고 버스비하라고 동전 몇 개를 꼬옥 손에 쥐어주던 "물고기". 당시 그 형편으로 그것은 결코 적은 돈은 아니었다. 훗날 다행히도 마음 좋고 착실한 매형을 만나서 어렵지 않게 살게 되었다. 그러다가 십여 년 전 어느 날 우여곡절 끝에 오래간만에 해후를 하게 되었는데 하필이면 그날이 누나 이사가는 날이었다. 만나자마자 이별이라, 겨우 길 위 이삿짐차 옆에서 얼굴만 보고 얼싸안고 눈물만 흘리다가 헤어졌던 게 마지막으로, 그후에도 이런저런 사정으로 만나지 못했다. 우리에게 서걱거리는 눈물의 언어만 남겨 놓고, 그는 지금 고향 어디메쯤에서 살고 있다고 한다. 어렸을 때 큰집이 있었던 곳은 지금은 번화한 도회지로 변신하였고 주위에는 아파트단지가 들어서 있다. "지느러미 쉬지 않는 물고기" 지금은 어디에서 시간을 "다져넣"고 있을까.

그 무엇이 자꾸 그를 이긴다

문인수

그는 구석자리를 좋아한다.
식당 같은 데, 무슨 모임엘 가보면 친구들이 으레 그에게
구석자리를 내줄 정도다.
어딜 가나 구석자리는 그의 몸에 꼭 맞는 것 같다.
왼쪽, 오른쪽 벽이 그를 받아 안는 굳건한 두 팔일까. 혹은 그의 굽은 등이, 처진 어깨가
아버지의 뒷산같이 기댈 만한 우방일까. 그는 늘 구석자리에 웅크리고 앉을 때 비로소
안심하는 것 같다. 그가
그의 마음 속으로 들어가 이쪽 접고,
또 저쪽 접어 뒤집어쓰는 구석자리. 새끼 캥거루에게는 어미의 뱃가죽 주머니 속이
대해大海다. 소라게 한 마리가 제 덩치보다 몇 갑절 큰 구석을 지

고 돌덩이처럼 구르던 동작을 한 입에 흡, 말아 넣고 멈춘다.
잠시만 더
 숨 돌리고 싶겠지만 그는
그를 잡아 일으키는 트레이너, 엉망으로 얻어터진 권투선수가 다
시
자기 코너를 벗어놓고 나오는 것 같다. 구석이 달아 있는 양 날개
는 너무 무거운가, 도무지 탈바꿈이 안 되는 사내,
패배의 긴 꼬리가
장내 함성을 끌고 가다가 삐죽하게 멎는 각이 있다. 저
뿔!
구석의 바깥 모서리는 금세 단단하게 굳는다.
초원을 가로지르는 일각수, 구석자리엔 또 한 주먹 목청껏
꽃피고 싶은 그가 박힌다.

사람들의 눈길을 피할 수 있는 안정된 곳을 찾는, 소극적인, 도전적이지 못한, 보수적인, 말수가 적은, 비교적 다소곳한, 웬만하면 손해보고 사는, 사람좋은, 자기 주장이 강하지 않은, 가끔은 바보 같은, 순진한, 어리숙한, 언제 나타났는지 언제 사라졌는지도 모르게 조용한 바람 같은, 사랑고백도 못하고 수줍어하는, 사장님한테 보너

스 좀 달라고 떼부리지도 못하는, 정해진 휴가조차도 제대로 못 찾아먹는, 발을 밟히고도 오히려 미안하다고 하는, 접촉사고를 당하고도 큰소리치는 가해자 앞에서 기가 죽는, 말 잘하는 사람 앞에서 기죽고 옷 잘 입는 사람 앞에서 기죽는, 아름다운 여인 앞에서 어쩔 줄 몰라하는, 머리가 깨지고도 이미 일어난 일 어떻게 하겠느냐며 별로 탓하지도 못하는, 돈 떼이고도 받지 못하는, 잘 해 주고도 욕먹고 마는, 세상은 원래 그런 것이라고 삶은 그런 것이라고 사랑은 그런 것이라고, 자기 자신의 무능 때문이라고, 배신을 당하고도 자기가 부덕한 탓이라고, 잘되면 감사하고 못되면 시련이라고, "마음 속으로 들어가 이쪽 접고" 뭐가 불안한 듯 저쪽도 "접어 뒤집어쓰는" 사람들은 "구석자리"에 앉는다. 구석자리에서 줌렌즈를 꺼내 놓고 세상을 살핀다. 나도 "구석자리"를 선호하는 편이다. 나는 수영을 잘 하지 못한다. 그래서 수영을 하다가 어느 순간 새삼스럽게 발이 닿는가를 확인해 본다. 그런데 발이 바닥에 닿지 않게 되면 바로 불안에 빠진다. 서둘러서 발이 닿는 곳으로 빠져나온다. 발이 닿는 "구석자리"는 "아버지의 뒷산같이 기댈만한" 편한 곳이다. 그 구석에는 "패배의 긴 꼬리가/ 장내 함성을 끌고 가다가 삐죽하게 멎는 각"이 있다. "또한 주먹 목청껏/ 꽃피고 싶은".

먼지아버지

이경림

내가 먼지투성이의 돌아가신 아버지 방석을 풀썩거리니까
그는 죽은 아버지를 왜 자꾸 들썩거리냐고 핀잔을 준다
아버지는 나와 함께 핀잔을 받고도 잠잠하시다 죽음은 괄괄
하던 性情을 잠잠하게 만들기도 하나보다 그러나

나는 아버지가 먼지투성이로 이리 저리 밀리시는 게 싫다
먼지 털이로 아버지를 툭툭 털면 아버지먼지가 방안을 휙휙
날아다니신다 죽음이 벽으로 장롱 위로 내려앉으신다
종래에는 천장에 거꾸로 붙어 고요하시다 깨끗하시다

그러면, 散在한 죽음 속에서 나는 일단 기분이 좋다

지금 아버지는

비스듬한 햇살 속에 사선으로 떠서 뿌여시다
비스듬하고 뿌연 죽음으로 물끄러미 나를 보고 계시다

잠시만 방심하여도 쌓이는 먼지, 우리는 먼지와 함께 살고 있다. 부유하던 먼지가 아기 솜털처럼 쌓이다가 눈송이처럼 쌓이다가 그래도 더욱 방치하면 때처럼 굳어버리기도 한다. 나는 유난히도 성격상 혹은 직업상 먼지에 예민한 편이다. 눈에 띄지 않는 먼지에도 나의 인두나 기관지의 점막은 이미 그 존재를 알아차리고 밀어내기 시작한다. 그것은 병을 일으키고 가구를 더럽히며 세밀한 기구의 기능장애 등 여러 가지 문제를 일으키는 주범이 되고 있다. 먼지의 이미지는 이렇듯 부정적이다. 이러한 먼지에서 돌아가신 아버지를 생각해 내는 시인의 감성이 무척이나 정겹게 느껴지고 생전에 아버지에 대한 사랑이 얼마나 깊었는지를 가늠케 한다. 그는 "아버지가 먼지투성이로 이리 저리 밀리시는" 것을 매우 싫어한다. 그에게는 아버지가 생전에 쓰시던 "방석"도 방석을 떠난 "먼지"도 아버지의 분신인 거다. 아버지에 대한 그의 지극한 사랑은 먼지처럼 "散在한 죽음 속에서" "햇살 속에" 떠 있는 "비스듬하고 뿌연 죽음"에서도 아버지를 바라보고 있다. 고달프고 고독한 이 시대의 아버지들이여, 영원한 존재들이여! 힘을 내시라, 당신들을 사랑하는 가족들이 있으니까. 한편 사람들에게서 외면받고 무시당하는 그러나 우주의 세포인 먼지를 "평생 먹이시"는 분도 계시니 "금관사 부처님들"이다. "먼지옷을 황홀하게 껴입은 부처들"이다. "먼지와 놀고/ 먼지와 너나들이하고/ 먼지옷을 황홀하게 껴입은 부처들// 내 몸은 청동의 덩어리라/ 너희에게 내어줄 구멍이 없어 미안하다고/ 와서 실컷 쉬었다 가라고/ 부처는 기꺼이 등을 내주고 머리를 내주고/ 손바닥을 내주고 눈꺼풀을 내주신다/ 먼지 벌레들을 평생 먹이신다"(문성해, 「게송」). 청동부처들의 몸에 쌓여가는 하찮은 먼지를 통해서 "먼지와 놀고", "먼지와 너나들이하"는, 자신의 몸을 내어주고 평생 "먼지벌레들을" "먹이시"는 부처님의 자비를 읽어내는 시인의 예리하고도 따뜻한 마음이 온돌방의 구들장처럼 전해 온다. 하찮은 먼지를 통해서도 사랑과 자비를 읽어내는 좋은 시들이다.

사람과 함께 이 길을 걸었네

이기철

사람과 함께 이 길을 걸었네
꽃이 피고 소낙비가 오고 낙엽이 흩어지고 함박눈이 내렸네
발자국이 발자국에 닿으면
어제 낯선 사람도 오늘은 낯익은 사람이 되네
오래 써 친숙한 말로 인사를 건네면
금세 초록이 되는 마음들
그가 보는 하늘도 내가 보는 하늘도 다 함께 푸르렀네
바람이 옷자락을 흔들면 모두는 내일을 기약하고
밤에는 별이 뜨리라 말하지 않아도 믿었네
집들이 안녕의 문을 닫는 저녁엔
꽃의 말로 안부를 전하고
분홍신 신고 걸어가 닿을 내일이 있다고
마음으로 속삭였네

불 켜진 집들의 마음을 나는 다 아네
오늘 그들의 소망과 내일 그들의 기원을 안고
사람과 함께 이 길을 걸어가네

진부한 질문 하나 해 보자. 우리는 어디로 가는가, 누구랑 가는가. 결국에는 미지의 세계로 혼자 가는구나라고 해버리면 너무 썰렁하고 외롭지 않은가. 잠깐 생각의 방향을 바꾸어 보자. 우리는 결코 혼자 가는 게 아니라고. 그리고 나는 "이 길을" 누구와 "함께" "걸어가"는가. 또 그래본 적이 있는가. 잠시 숙연해지는 순간이다. 어느 파란만장한 삶을 살아온 중년의 여인이 오늘도 바쁘게 뛰어다니고 있다. 그리 넉넉치 못한 집안의 장녀로 태어나서 어렵사리 호남의 명문여고를 졸업한다. 민주화운동과 사회운동에 관심이 많았던 그는 사회의 저명한 민주화 및 사회운동 인사들과 교류하면서 꿈을 키우고 어렵게 자력으로 신학대학을 졸업하게 된다. 그러던 중 인생의 반려자도 만나게 된다. 이들은 뜻이 잘 맞는 커플로 그들의 꿈을 이루기 위한 길을 차근차근 다듬어 간다. 누가 봐도 이상적인 한 쌍이다. 도시와 시골을 왔다갔다 하다가 남편은 목사가 되고 그도 머지 않아 목사가 되어 부부 목사가 된다. 그리고는 전라북도 익산에서 목회를 시작한다. 그러면서도 결코 옛날의 꿈과 뜻을 잊지 않는다. 지역사회에서 도움이 될만한 일감을 찾아 일을 한다. 특히 그에게 걸맞을 것 같은 여성운동에 관심을 쏟게 된다. 그렇게 열심히 살아가는 도중 뜻하지 않은 사고를 당하게 된다. 그날도 외지에서 교회일을 보고 돌아오던 남편이 교통사고로 세상을 떠나게 된다. 하루아침에 벼락같이 망망대해의 낙엽편주같은 홀몸이 된다. 벌써 10년이 되어간다. 그러나 거기에 굴하지 않고 정신적 충격과 싸우며 외로움과 싸우며 해 오던 일을 포기하지 않고 계속해 간다. 이제는 남편 대신 교회도 이끌며 '전북여성단체연합'의 대표가 되어 일을 한다. 그리고 전북지방에서는 유일한 이주 외국인 여성들을 위한 '여성의 쉼터'를 운영하고 있다. 그렇게 그는 "사람과 함께" "길을 걸어가"고 있다. 그에게는 그와 함께하여 "금세 초록이 되는 마음들"과 함께 살고 있다. 그들에게는 사랑과 배려가 있고 그들은 "밤에는 별이 뜨리라 말하지 않아도 믿"는다. 그 중년의 여인은 바로 나의 여동생이다. 학창시절 특히 나와 대화를 많이 했던 동생이다. 이제는 자기 꿈을 이루어 가고 있는 자랑스런 동생이다. "오늘 그들의 소망과 내일 그들의 기원을 안고/ 사람과 함께 이 길을 걸어가네"라고 노래하는 화자의 마음이 아름답고 따뜻하지 아니한가.

나비의 이륙

허만하

땅에 떨어진 흰나비 한 마리 개미에게 끌려가고 있다.

바람의 저항을 활짝 펼친 돛으로 맞서며 봄 바다 연두색 수면을 우아하게 미끄러지고 있는 흰 범선 한 척. 돌아갈 항구가 보이지 않는다면 싸락눈처럼 햇살이 튀고 있는 주홍색 지면은 한 마리 청어처럼 싱싱한 나비의 바다다.

요절한 나비의 영혼은 불타는 흰 눈송이의 날개를 펼치고 물보라를 헤치는 뱃머리 방향으로 푸른 무한을 날아오르고 있다. 자욱히 흩날리는 벚꽃 꽃잎보다 가벼운 날개 흔들며 날아오르고 있다. 나비는 숨진 지점에서 벌써 하늘을 날아 오른다.

인간은 누구나 자기가 느끼든지 못느끼든지 갖가지 은혜 속에서 살아간다. 가족, 친척, 친구를 비롯한 가까운 이웃에서 지역사회, 국가, 멀리는 지구촌의 세계를 넘어 '자연의 섭리'나 '신의 섭리'에 이르기까지 다양한 은혜의 우산 속에서 살아간다. 이것을 깨달은 사람은 겸손하며 범사에 감사할 줄 아는 사람이 된다. 더 나아가 사회에 어떻게 보답해야 하는지를 진솔하게 성찰할 줄 아는 매우 인간적이고 따뜻한 사람으로 성장하게 된다.

얼마 전에 의사 친구 하나가 본업을 그만두고 다른 사업을 시작하였다. 그럴만한 이유가 있었고 충분히 이해가 되었지만 다른 친구 하나가 조심스럽게 한마디 하였다. 사회로부터 받은 소중하고 숭고한 능력을 잘 활용하여 사회로 다시 환원할 수 있는 책임을 결코 망각해서는 안 된다고 — 순간 진지한 눈빛의 흐름에 떨림음이 감지되었다 — 그러한 사고와 행동이 바로 은혜에 보답하는 것이고 우리의 소명이라고. 삶 자체가 사랑의 실천이었고 모든 것을 사회에 돌려주고 떠나신 고 김수환 추기경님의 아름다운 선종을 생각할 때 친구의 말이 더욱더 또렷하게 각인되어 오는 것이었다.

아름다운 죽음, 삶도 아름다운 삶이 있듯이 죽음에도 아름다운 죽음이 있을 터이다. 삶의 마무리가 죽음이라면 아름다운 죽음이라는 게 사실은 아름다운 삶을 지칭하는 다른 말에 지나지 않을 것이다. 영혼의 껍질인 생시의 육신을 한 마리의 개미에게 맡겨 놓고 "나비의 영혼"이 "푸른 무한을 날아오르고 있다." 생전의 낡은 거죽을 자연에 돌려주고 "푸른 무한을 날아오르"는 아름다운 죽음, 어쩌면 모든 사람들이 바라고 있는 애틋한 소망인지도 모른다. 나비의 죽음을 아름다운 화폭으로 그려낸 시인에게 죽은 나비는 "우아하게 미끄러지고 있는 흰 범선"이고 "싱싱한" "한 마리 청어"이다. "하늘을" "푸른 무한을 날아오르고 있"는 축복받은 영혼이다.

거울

구석본

그가 거울을 본다
거울 속에 한 남자가 죽어 있다
죽은 남자가 웃는다 '웃음'이 죽었다
'좋은 아침'이라고 죽은 남자가 말하자
'좋은 아침'이 죽었다
남자는 '웃음'과 '좋은 아침'의 죽음을 보지 못한 채
붉은색 넥타이를 매고 향수를 뿌리고
로션을 가볍게 바르고는 다시 웃는다
웃음이 두 번 죽지만 남자는 여전히 보지 못한다
이번에는 휘파람을 분다
휘파람이 핑그르 돌다가 죽어버린다
남자는 쌓이고 쌓인
그들의 죽음을, 남자의 죽음을, 오늘의 죽음을,

끝내 보지 못한 채 떠난다
남자가 떠난 후,
시취尸臭가 향수처럼 한 동안 맴돌다가 사라지자
비로소 거울 속에는 복제된 어제의 풍경들이
속속 살아나기 시작했다

자신에 냉소적인 지극히 슬픈 고백이다. 요즘 우리들의 모습과 무관하지 않다. 끝을 알 수 없는 나락으로 추락하고 있는 듯한 절망감, 삶의 의욕을 잃고 우울에 빠진다. 심하면 '죽음에 이르는 병'에 걸릴 수도 있다. "구름 속을 떠돌다가, 철렁/ 추락한다/ 잡을 것이 없다/ 비상 낙하산도 작동하지 않는다// ……중략……// 이젠 날개가 필요하다/ 미로를 탈출하던 이카로스의 날개/ 그 이상의 (김현식, 『날개가 필요하다』).

최근 연예인들의 잇단 자살소동 사건들, 그들 대부분이 '우울증'을 앓고 있었다고 한다. 이제 우울증은 우리 사회 화두의 하나로 떠오르고 있는 실정이다. 그러나 여기 시적 화자는 '우울증'까지는 아니고 단지 심한 우울 정도로 생각된다. 아직도 삶의 의지가 남아 있는. "체중 55kg 가운데 우울이 50킬로다/ 고요가 1킬로/ 희망이 1킬로/ 인내 1킬로/ 혈육에 대한 의무감 또한 1킬로/ 그리고 나머지 1킬로그램은 지방이다// ……중략……// 158cm의 줏대와 55kg의 열량만으로/ 어쩌자고 꽃을 추구했을까/ 갈아엎어야 할 리얼리티가 매일매일 6X4/ 벗어야 할 허물은 수천만 광년 (정숙자, 「유리 바이올린」).” 영어의 depression에는 경기불황의 뜻도 있고 우울(증)의 뜻도 있다. 이 두 현상의 상관관계를 암시하는 듯하다. 빨리 작금의 경기 침체에서 벗어나 “어제의 풍경들이 속속 살아나기”를 기대해 본다.

춘방다방

노향림

단양군 별방리엔 옛날다방이 있다.
함석지붕보다 높이 걸린 춘방다방 낡은 간판
춘방이란 나이 70을 바라본다는 늙은 누이 같은 마담
향기 없이 봄꽃 지듯 깊게 주름 팬 얼굴에서
그래도 진홍 립스틱이 돋보인다.
단강에 뿌옇게 물안개 핀 날 강을 건너지 못한
떠돌이 장돌뱅이들이나 길모퉁이 복덕방 김씨
지팡이 짚고 허리 꼬부라진 동네노인들만
계란 노른자위 띄운 모닝커피 한 잔 시켜 놓고
종일 하릴없이 오종종 모여 앉아 있다.
한참 신나게 떠들다가 오가는 사소한 잡담들이
열정과 불꽃도 없이 슬그머니 꺼져
구석의 연탄재처럼 식어서 서걱거린다.

네 평의 홀엔 다탁도 네 개, 탁자 사이로
추억의 '빨간 구두 아가씨'가 아직도 흐르는 곳
행운목과 대만 벤자민이 큰 키로 서서
드나드는 사람들을 멍하니 지켜본다.
장부 없이 외상으로 긋고 가는 커피 값
시간도 외상으로 달아놓고 허드레 것처럼 쓴다.
판자문에 달린 딸랑종이 결재하듯 딸랑거릴 뿐
이 바닥에선 유일하게 한 자락 하는 춘방다방

아직도 6,70년대를 살고 있는 곳이 있나 보다. 이름하여 '다방'이라 하였던가. 많은 추억과 함께 시대의 영욕을 함께 했던 '만남의 장' 또는 '사교의 장'이었던 다방이 이제는 거의 역사 속으로 흘러가 버린 흑백사진 같은 존재가 되었다. 민주화 운동이 한참이던 대학시절 우린 가끔 다방에서 만났고 시시콜콜한 이야기에서부터 시국담론까지 시간에는 아랑곳하지 않고 난상토론을 벌이곤 하였다. 식사를 거른 애들은 당시 다방의 '명물'인 "계란 노른자위 띄운 모닝커피" "한 잔 시켜 놓고" 열변을 토하기도 하였다. 그래도 그 정도는 호사였다. 주머니가 텅 빈 날이 많았기 때문에 우리는 공공기관을 많이 이용하였다. 가장 인기 있었던 곳은 우체국과 은행이었다. 우리는 우체국을

'우다방'이라 불렀고 은행을 '은다방'이라고 불렀다. 당시 충장로 한복판에 우체국이 있어서 우리의 약속 장소로는 아주 안성맞춤이었다. 여름에는 시원하고 겨울에는 따뜻하고 차값 들지 않고 교통 편리하고 그래서 우리의 사랑받는 만남의 장소였다. 가끔은 버스정류장 가까운 '은다방'을 이용하기도 하였는데 우리들 청춘의 이야기는 거리에서 거리로 이어지곤 하였다. 나는 대학생들이 잘 가는 YMCA의 Y다방과 카톨릭회관의 C다방을 이용하곤 하였는데 거기에서 사려깊은 내 친구들로부터 뜻하지 않은 책 선물을 받기도 하였다. 그러한 다방들이 세월의 흐름에 따라 유행처럼 이름을 바꾸기 시작하였다. 70년대 후반 무렵 다방은 '다실'이라는 새로운 이름표로 바꿔 달기 시작하였고 다방은 '촌스러운' 이름이 되어 갔다. 그것도 멀지 않아 현대화의 물결을 타는 것인지 '찻집'이라는 말이 등장하는 듯 싶더니 '커피숍'을 비롯한 여러 가지 이름으로 바뀌게 되었다. 어느 특정 브랜드를 강조하는. 더욱이 '찻집'이라는 이름은 '전통찻집' 등에서나 사용되는 또다른 뉘앙스를 갖는 이름으로 변화하였다. 흑백사진, 흑백텔레비전과 함께 한 시대를 풍미했던 '다방'의 추억이 오래된 기억의 창고를 열고 먼지냄새 풀풀 나는 낡은 앨범을 들추어 내고 있다. "춘방다방"은 "옛날다방"이고 추억의 다방이고 꿈속의 다방이다.

외로움도 스트레칭을 한다

신달자

봄이 오는 밤 거위털 꽃이불을 덮었는데 추웠다
거위털 작은 조각들이 갑자기 산 거위떼가 되어 날 덮는데 추웠다
푹식푹신한 거위떼가 침대에서 방으로 내려와 비단 한 필로 방을 메웠다
모란꽃과 나비들이 수 놓아진 붉은 비단이었다
꽃들은 더 커지고 나비들은 수가 더 늘었다
비단은 거실을 거쳐 마당 구석까지 꽉 메웠다 자꾸 자랐다

외로움은 온 몸의 관절을 펴 수평선처럼 그 끝이 없었다

어느날 꽃비단은 내 집 마당이 모자라 강가 돌밭으로 가 몸을 눕혔다
멈추지 않고 강가 돌밭의 굴곡을 다 메웠다
강을 넘고 황량한 들판으로 가는 걸음이 빨랐다 처소를 넓혔다
비단은 더 몸을 펴 뚝뚝 들의 관절소리를 내며 펴졌다 숲에 닿기도 한다

꽃들은 더 왁자하게 피고 새들이 우루루 하늘을 다 덮었다
그렇다 바닥끝까지 완벽하게 뻗어 납작하게 얇아졌다

외로움은 온 몸의 관절을 펴 수평선처럼 그 끝이 없었다

다시 강가로 돌아온 꽃비단은
너무 뻗었는지 하얗게 질려 광목 한 필로 누웠다
꽃도 나비들도 다 사라졌다 뻣뻣했다
뼈가 드러나게 바랜 저 흰 빛
나는 그 서걱이는 소리를 들었다

꽃비단이 숲까지만 갔겠는가. 산을 넘고 강을 건너 육지의 끝까지 갔을 것이다. 아니 바다를 건너 지구를 몇바퀴 돌았을지도 모른다. 아니 고요 속의 환한 달나라까지 갔을지도 모른다. 외로움은 끝을 모르고 자라나는 덩굴식물이다. 하늘을 뚫고 올라간 덩굴나무 이야기도 있지 않은가. "수평선처럼 그 끝이 없"다. 외로움은 "거위털 꽃이불을 덮"는데도 춥다. 이 외로움을 위무하기 위해 무언가 더 필요하다. "모란꽃과 나비들"이다. 크고 많은 꽃들과 많은 나비들이 수놓은 "붉은" "꽃비단"이 "마당 구석까지 꽉 메"우고 "강가 돌밭의 굴곡"

까지 가득 메웠다. "강을 넘고 황량한 들판"을 넘어 "숲에 닿기도 한다." "바닥끝까지 완벽하게". 그러나 안타깝게도 이것은 꿈일 따름이다. 단지 희원에 불과하다. 그렇지만 간절한 소망이다. 누군들 그렇지 않겠는가. 외로움은 숙명적으로 모든 인간에게 지워진 천형일지도 모른다. 그리하여 막상 외로움의 "온 몸의 관절"이 도달할 수 있는 리얼리티는 한정되어 있다. 현실은 냉정하고 분명하다. 아무리 둘러보아도 어제와 달라진 것이 없다. 시공간적으로 똑같은 상황에서 계속 헛발질만 하고 있는 것이다. "다시 강가로 돌아"올 수밖에 없고 차가운 현실을 받아들일 수밖에 없다. "너무 뻗었는지 하얗게 질려 광목 한 필로 누"울 수밖에 없는 것이다. 한없이 뻗어갈 것 같던 "관절"이 "뻣뻣"함을 느낄 때 깊은 좌절에 빠지기도 한다. "꽃도 나비들도 다 사라"진 "뼈가 드러나게 바랜" 참담한 현실을 마주할 때 들려오는 "서걱이는 소리"는 우리의 꿈을 향한 의지를 조롱하는 것도 같다. 그러나 절망할 것까지는 없다. 우리에게는 무한한 "스트레칭", 꿈을 꿀 수 있는 자유가 있지 않은가, 아름다운 시詩와 함께.

말에 관한 각서

이기철

1—1, 말의 자장磁場

나는 연자방아 하면 제비가 생각난다 나는 재스민보다 마리茉莉가 좋다
벼룩풀은 뛰어다닐 것 같다 개똥지빠귀는 바퀴를 돌릴 것 같다 새똥 하면 아침 7시 냄새가 난다

말이 있다 자고 나면 말을 쓴다 내가 쓰는 말 가운데 이 세상에 처음 쓰는 말은 없다 누군가가 다 쓰고 난 말을 내가 또 쓴다 누군가가 썼을 때의 그 말은 어떤 기미를 풍기고 있었다 나는 그 말을 그가 썼을 때의 그 말과는 전혀 다르게 쓴다 그 말이 내게로 오면서 갓 낳은 새 새끼처럼 깃털을 바르르 떤다 그 매혹을 나는 견딜 수 없다 말은 나의 주인이고 상전이다

1—2, 연두

초록이 있고 파랑이 있고 갈매가 있고 연두가 있다 선홍이 있고 주홍이 있고 다홍이 있고 분홍이 있다 연두라고 부르면 막 알에서 깨어나 배춧잎을 기어 나오는 배추벌레가 보이고 주홍이라고 부르면 막 겨울 지나 물오른 시금치 밑동이 보인다

말이 세상을 끌고 간다 말 가운데 세계가 있다 말은 전율이다 나는 말에 아부하고 말에 구걸한다 새끼 새는 연두색 부리로 짹- 하고 소리치고 송아지는 엄메- 하고 운다 아기가 엄마- 하는 첫마디 말 내게 늘 있으면서도 가까이 가면 없는 말 말의 오만 말의 냉담 말의 비의祕儀 연두라고 누군가가 쓴 말을 내가 또 쓴다

1—3, 잠자리

빨간 잠자리가 바지랑대 끝에서 흔들리고 있다 바지랑대가 잠자리의 무게에 휘청거린다 잠자리는 불안하지 않다 시소를 타듯 잠자리의 가벼운 몸이 흔들린다 그것을 바라보는 내가 불안하다 잠자리와 나 사이에 불안이라는 말이 끼어든다 불안하다고 말하기 전에는 나는 불안하지 않았다 시소를 타는 잠자리는 불안하다는 말을 모르

기에 불안하지 않다 불안한 것은 불안이라는 말을 아는 나다 말과 말 사이에 잠자리가 있고 내가 있다 잠자리와 나 사이에 불안이라는 말이 다가온다

역사의 한 장場에 '형식부여의 비극'이라는 것이 있다. 말 그대로 어떤 내용이나 사상事象에 형식이 부여됨으로 인하여 생겨나는 비극이다. 안타깝게도 이 '비극'에서 자유로운 사람은 아무도 없다. 모든 사상은 어떻게 해서든지 형태를 갖추어야만 인식이 가능해 진다. 내용이나 사상이 그 자체만으로도 존재가 가능하지만 여하한 폼form을 갖추지 않고서는 인식이 되지 않는다. 폼, 즉 형식에는 이루 헤아릴 수 없이 많은 종류의 형태가 거론될 수 있으나 말과 글, 그리고 갖가지 장르의 예술이 대표적인 형태가 될 것이다. 전하고 싶은 아름다운 이야기나 삶의 아픔을 표현하기 위해 얼마나 많은 예술가들이 오랫동안 뼈를 깎는 노력을 경주해 왔던가. 그들이 창조하는 작품들도 그들의 능력과 기호에 따라 천차만별이고 사람들은 그 작품들을 각자 나름대로 자유롭게 이해하고 비평하며 감상한다. 또한 사람들에게는 대화 또는 소통의 수단으로 말과 글이 있다. 털 없는 원숭이가 위대한 영장류인 인류가 된, 위대한 산물이 바로 이 '말과 글'이지 않겠는가. 그 중에서도 '말'은 직접 소통의 수단으로 인간생활의 근본을 이

루고 있다 할 것이다. 하지만 이 말조차도 우리 생각을 완전하게 표현 전달하는 것은 불가능하다. 화자와 청자의 경험과 능력에 따라서 인생관에 따라서 얼마든지 달라질 수 있기 때문이다. 따라서 화자의 의도와는 상관없이 오해를 불러일으킬 수도 있고 때로는 심각한 비극적인 상황을 초래할 수도 있게 한다. 청자는 화자가 "썼을 때의 그 말과는 전혀 다르게" 말을 사용하고 있기 때문이다. 그래서 말은 "주인이고 상전이"며 "말이 세상을 끌고 가"고 "말 가운데 세계가 있"는 것이다. 이 비극이 가장 현저하게 드러나는 것이 종교적인 체험 같은 극히 주관적이고 추상적이고 신비적인 현상에 대한 구전口傳이다. 종교적인 체험의 핵심을 갖가지 수사법을 동원하여 설파해 보지만 꼭 그대로는 전해지지 않는다. 그리하여 여러 가지 분분한 해석을 낳게 하고 수많은 종파와 교리를 만들어 낸다. 이에 불교에서는 아예 말을 하지 않는 종파도 있지 않은가. 그래서 45년을 설법한 붓다도 "나는 한 글자도 설한 바가 없다"(((중앙일보)), 2009년3월19일)고 하지 않았을까. 국가와 국가 사이에, 민족과 민족 사이에, 지역과 지역 사이에, 그리고 너와 나 사이에 "불안이라는 말이 끼어든다". "말과 말 사이에" 너와 내가 "불안"하게 서 있다. 아, "말의 오만", "말의 냉담", 그리고 "말의 비의"여!

받아들인다는 것

도종환

저녁 호수를 볼 때면 나는 받아들인다는 것의 숭엄함에 대해 생각한다 계곡도 산도 오래전 잎을 버린 나무들도 천천히 어둠에 지워지고 하늘마저 몸을 바꾸는 동안 호수는 천천히 눈을 감는다 체념의 표정도 아니고 포기하거나 두려워하는 것과도 다른 호수의 얼굴 저녁 호수는 받아들인다는 것이 무엇인지를 보여주고 있었다

그 담담함으로 여명이 오는 시간을 받아들이는 것도 보았다 수식도 허세도 없이 가만히 여는 호수의 눈 고요히 출렁이는 몸짓이 잠시 있을 뿐 과장하지 않는 느낌이 주위를 감싸면서 어둠에서 벗어나오는 표정을 보았다 받아들인다는 것은 거기까지를 생각하고 있는 것이다

얼음이 어는 밤도 있었다 모든 물결들이 손가락 하나 움직이지 못하고 하얗게 질리며 쓰러지는 밤 호수는 그것도 받아들이고 있었다

쩌엉 쩌엉하는 신음소리가 들리는 시간은 있었지만 그 소리는 비명과 달랐다 견디고 있는소리였다

어느 겨울 오후 햇살이 호수 위에 내려와 수천 개 물살마다 내려와 물살을 타고 놀고 있는 걸 본 적이 있다 나는 그 햇살들도 모두 보석이라고 생각했다 며칠 전까지 결빙이었던 것들도 몸을 풀고 함께 건들거리고 있었다 호수는 그것까지 품어 안고 있었다 깊은 곳이 있어서 믿는 데가 있어서 호수는 받아들일 수 있는지도 모른다고 생각했다

끈질긴 협박과 회유에 손들고 능력부족으로 포기하고…. '성숙'이라는 게 세련된 성장인가, 굴욕적인 타협인가. 세상과의 타협이 성숙인가 굴복인가, 모난 돌이 깎이고 깎이어 둥근 돌이 되는데, 둥근 돌이 아름다운 돌이라면 모난 돌은 어떠한 가치가 있는 것일까.

인간은 자기들의 욕망과 필요에 의해 자기들만의 세상을 창조해왔다. 형이상학적인 것에서부터 형이하학적인 것까지 이루 헤아릴 수 없이 많은 문화와 문명을. 그리고 상식적으로나 논리적으로 이해가 되지 않는 현상이나 비가시적인 존재에 대해서는 그들만이 행사할 수 있는 특유의 '편의주의'를 적용하여 왔다. 종교와 신화를 창조하여, 고독하고 상처받은 영혼을 위무하였고 비뚤어지고 이기적이

며 복잡다단한 인간세계를 꼬집었다. 자연 환경에 대해서도 그들의 편의주의는 어김없이 적용되었다. 욕망이 이끄는대로 자연을 정복하고 이용하였으며 정복하기 어려운 상황에서는 현실에 적응하는 방법을 고안해 냈고 불가항력적인 환경조건에서는 다소곳이 순응하며 자연을 숭배의 대상으로 삼았다. 편의주의는 '체념과 포기의 미학'을 만들어 냈고 발전시켰다. 체념과 포기의 미학은 현실적으로는 절망에 빠진 사람들을 구해 주었고 사람을 종교적인 존재로 진화시켰다. 사람들은 남을 배려할 줄 알게 되었고 자연을 존중할 줄 알게 되었으며 더욱 발전하여 자기 자신의 내면에 대하여도 성찰할 수 있게 되었다. 더 나아가 어느 하찮은 사물이나 자연현상까지도 경건하고 숭고한 경지까지 순화발전시킬 수 있는 유전자를 체득하게 되었다. "받아들인다는 것"은 고도로 진화된 그러한 유전자의 발현이다. "체념"도 아니고 "포기하거나 두려워하는 것"도 아닌, "어둠"과 "결빙"까지도 "품어 안고 있"는, 깊은 "호수"가 "받아들인다는 것의 숭엄함"에 대하여 온몸으로 설파하고 있다.

새까만 정장正裝

정진규

묵은 내 사랑의 새까만 젖꼭지, 어머니 젖무덤 찾아 쉰 젖을 빠는 이 겨울밤, 꿈속의 꿈을 꾸는 밤 아득하여라 기적도 없이 새까만 기차가 왜 자꾸만 당도하고 역두엔 흰눈이 왜 자꾸만 길로 쌓이는지 그날의 나는 왜 자꾸만 새까맣게 떠나고 흰눈이 왜 자꾸만 길로 쌓이는지 그날의 모든 것들 여기와 무슨 순서로 왜 자꾸만 만나고 있는지 나는 알 길이 없고, 흰눈말고는 다만 꿈속의 꿈까지 새까만 어제들을 데리고 내가 여기 생가生家에 와 있다는것 그것들 시간의 빛깔이 모두 정장正裝으로 새까맣다는 것 그것 말고는 알 길이 없고

시적 화자는 지금 겨울밤에 생가에 와 있다. 그것은 분명한 현실이다. 하지만 꿈같은 현실이다. 그도 그럴 것이 50년 만에 돌아온 고향이기 때문이다. 이 어찌 평범한 일상일 수가 있겠는가. 게다가 어머

니를 비롯한 많은 상념들이 정색을 하고 진지하게 밀려올 때 그 미묘하고 복잡한 감정을 어떻게 말로 표현할 수 있겠는가. 단지 그렇다는 것밖에……. 그러한 것들이 "새까만"과 "흰" 이라는 색상에 압축되어 현현한 것일 터인즉 이 색상들의 특징이 그 까닭을 말해 준다. 모든 색깔이 합해지면 검정색이 된다. "어제"까지의 과거들은 모두 하나되어 "새까맣게" 나타난다. 검정색깔은 경우에 따라서는 뇌살적이리만큼 굉장히 화려한 색깔이다. 검정옷을 잘 입을 수 있는 사람은 대단한 멋쟁이이다. 한편 검정색은 무게가 있어 정장에 많이 사용된다. 그만큼 격식을 차린 아름다움을 선사하는 게 검정색깔이다. 고급 의전차량이 모두 검정색인 것도 이것을 반증하는 예일 것이다. "시간의 빛깔이 모두 정장으로 새까맣다는 것"은 산전수전 긴 생의 질곡을 넘어 고품격의 고부가가치의 열매를 생산해낸 "시간"을 거느리고 다시 "어머니"의 품으로 금의환향한 것을 가리키는 것이 아닐까. 흰색은 아무런 색깔이 가해지지 않은 원시적인 순진무구한 상태로 천사의 대명사인 천진난만한 아기를 가리킨다. 그렇다면 아기천사와 관조의 경지에 도달한 사람의 만남 또는 조화는 중생들이 바라는 궁극의 목표가 아닐까. "어머니"는 이러한 지고의 아름다움을 창조하고 관리하는 존재이다. 아기를 창조하고 성숙한 인간을 만들어가는 모든 것을 주관하는 존재, 그래서 시적 화자는 칠순을 넘었음에도 "어머니"의 품을 그리워 하고, 어머니는 아직도 그를 향한 사랑의 끈을 놓지 않고 "쉰" "새까만 젖꼭지"로 영혼의 젖을 먹이고 있는 것이다. 화자는 자꾸 "알 길이 없고"를 되뇌이지만 기실 "알 길이 없"는 것을, 말해질 수 없는 것을, 색깔로 표현하고 있다. "새까만 기차가" "자꾸만 당도하고" "흰눈이" "자꾸만 길로 쌓"인다. "그날의 모든 것들"이 하얀 화선지에 그려지고 있는 여백이 있는 품격을 갖춘 사군자 한 폭이다.

좁은 길

이건청

좁은 길로 가야 해,
아스팔트 새 길이 아니라
겨우내 쌓인 눈
반쯤 녹아 질척이는
좁은 길로 가야 해,
염화칼슘 뿌려 반듯해진
아스팔트 넓은 길 말고
좁은 옛길로 찾아 들면,
휘도는 산굽이 덕장마다
질펀 질펀
코뚜레 묶인 녀석들을
보겠지, 그냥
황태덕장이라고,

물건 참 좋다고 스쳐 가면
안 되지,
골판지 상자에 담겨
접착테이프로 마감된 채
트럭에 실려 갈
저것들에게도
떼로 몰려 헤엄쳐가던
눈 시린 바다가 있었고,
동백꽃 핀 벼랑인 채
소금 바다에 젖고 있을
작은 섬이 되고 싶던
지느러미와
꼬리와, 몸통, 살 전부가
그리움이었던
열일곱, 열여덟이 있었음을,

좁은 길로 가야 해,
새로 넓힌 아스팔트 길은 버리고,
반쯤 녹아 질척이고 있을
좁은 길로 가야 해,

"좁은 길"은 "옛길"이고 추억의 길이다. 그리고 자기성찰이 가능한 길이다. 좁은 길은 삶의 모습과 자연의 경이로움을 살펴볼 수 있고 역사의 현장을 둘러보며 마음의 여유를 갖고 인간 본연의 자세에 대해 사색하고 통찰할 수 있게 하는 길이다. 넓고 빠른 길이 결과만을 중시하는 길이고 눈앞의 이익만을 추구하는 길이라면 좁고 느린 길은 과정을 중시하고 과거를 돌아보며 미래를 내다볼 수 있게 하는 길이다. 빠른 길은 반성과 성찰이 어려운 길이며 속도경쟁에 내던져진 삭막하고 메마른 길이다. 삶이란 합리적이고 도덕적이고 생산적이고 창의적인 과정으로, 우리가 애써 추구하는 결과란 단지 허상에 불과할지도 모른다. 이러한 것에 대한 사유가 오로지 목적지만을 향해서 고속으로 내달리는 고속도로나 고속철에서는 대단히 어려울 것이다. 출발점과 도착점만 있는 고속도로와 고속철. 거기에는 수단과 결과만 존재할 뿐 여타의 모든 것들은 차단되어 있다. 빠른 속도에 의하여 좁아진 시야와, 방음벽과 안전벽에 의해 가려진 무미건조한 터널같은, 통로만 있을 따름이다. "동백꽃 핀 벼랑인 채/ 소금바다에 젖고 있을/ 작은 섬이 되고 싶던/ 지느러미와/ 꼬리와, 몸통, 살 전부가/ 그리움이었던/ 열일곱, 열여덟이 있었음을" 어떻게 깨달을 수 있겠는가 빠른 길로 순식간에 통과해 버린다면. "휘도는 산굽이 덕장마다/ 질펀 질펀/ 코뚜레 묶인 녀석들을" 어떻게 볼 수 있겠는가. 몇 점을 받았느냐, 얼마를 벌었느냐가 중요하지 어떻게 점수를 땄냐거나 어떻게 벌었느냐는 문제가 되지 않을 것이다. 당연히 건전하고 창의적인 노력의 미학이 무시되고 있는 것이다. 주위를 배려하는 마음이 사라지고 있는 것이다. 이타심의 미덕이 없어지고 위험한 이기주의가 판을 치게 되는 것이다. "좁은 옛길로 찾아 들면" 사람이 보이고 산과 들이 보이고 바다가 보인다. 옹기종기 부대끼며 사는 사람들의 따뜻함과 진지함이 보인다. "좁은 길로 가야 해,/ 새로 넓힌 아스팔트 길은 버리고,/ 반쯤 녹아 질척이고 있을/ 좁은 길로 가야 해," 삶과 꿈이 있는 곳으로.

새까맣게 몰려오는 그림자들

최동호

정체불명의 그림자들이 어디선가 나타나
새까맣게 몰려들던 때가 있다
여름 태양이 아스팔트에 무량하게 쏟아지고 있을 때
지척을 분간할 수 없는 밀림 속에
갇혀 있는 것처럼
그림자들이 짙게 숨을 압박해 오던 때가 있다

잠긴 목을 넘어가려던 그 새까만 그림자들
한 순간 옅게 물들여지고
이파리 다 날리고 서 있는 가을나무처럼
앙상한 제 모습을 보이려고 하는데
또 다른 검은 그림자들 나타나
짚신이나 나막신 한 짝씩 끌고 황급히 다가오는데

이는 처음 보는 낯선 그림자들이기도 하고
제 집을 찾아 들지 못해
걸신들린 그림자들이기도 하는데
꽉 막혀 욱신거리던 목구멍이 터지는 것 같기도 하고
힘없고 더 연약한 것들이
갈 데 없는 슬픔을 나에게 하소연하는 것도 같은데

무어라 억제하기 힘든 이 검은 그림자들이
새까맣게 밀려오는 새벽녘
얼어붙은 땅 거죽을 밟으며 다가와
설핏설핏 속삭이는 바람 소리를 일으키면
나는 아무 말도 하지 않고
밝아오는 검푸른 빛을 바라보면서

쉽게 물리치기 어려운 이 그림자들에게
가만히 내 몸을 내맡기고
멍하게 앉아 있는 내 살점을 그들이
마음껏 뜯어 먹다가
제풀에 지쳐 떨어져나갈 때까지 눈감고

말도 아니 하고 들녘에

검은 남빛 산 그림자마저 사라져

새로운 영의 시간이 찾아오기를 기다리는 것이다

「황혼에서 아침까지」라는 영화를 본 적이 있다. 밤새도록 흡혈귀들과 처절한 싸움을 하는 공포괴기 영화이다. 그게 밤, 어두움 속에서 일어나는 끔찍한 사건으로 날이 밝아오고 해가 떠오르자 비로소 그 피비린내 나는 혈투가 끝이 난다. 나는 이 시를 읽으면서 바로 그 영화가 떠올랐고 "새까맣게 몰려들던" "정체불명의 그림자들이" 바로 앞에서 어른거리고 있는 듯한 느낌을 받았다. 그리고 내가 언젠가 후두염에 걸려서 며칠 밤을 몹시 고생한 적이 있었는데 그때 잠을 못 자고 밤새 고생하던 모습과 너무도 닮아 있어 마치 내가 내 글을 읽고 있는 듯한 착각이 들 정도였다. 제대로 눕지도 못하고 소파에 비스듬히 누워 될 수 있는대로 목에 자극이 가지 않도록 조용히 꼼짝도 하지 않고 "쉽게 물리치기 어려운 이 그림자들에게/ 가만히 내 몸을 내맡기고" "밝아오는 검푸른 빛을 바라보면서" "새로운 영의 시간이 찾아 오기"만을 기다렸던 것이다. 마침내 날이 밝아오자 그 악몽같은 밤의 고통이 거짓말처럼, 마치 「황혼에서 아침까지」의 영화에서처럼, 말끔히 사라지고 기침도 잦아들었다. 물론 완전히 나은 건 아니었지만. 나는 이 영화 또는 원작이 이런 비슷한 경험을 한 후에 쓰여지지 않았을까 하는 추측도 해 보았다. 요즘처럼 복잡한 현실에서는 "이 검은 그림자들"의 "압박"이 꼭 이런 물리적인 것만은 아닐 터이다. 정신적으로도 "정체불명의 그림자들이" "짙게 숨을 압박해 오"는 때가 있을 것이다. 어떻게 말로 표현할 수 없는 답답함과 무력감, 현실의 어두운 그늘에 빠지는 것이다. 그 압박이 너무 크면 자포자기에 빠져 "멍하게 앉아 있는 내 살점을 그들이/ 마음껏 뜯어 먹다가/ 제풀에 지쳐 떨어져나갈 때까지 눈감고" 무기력한 시간을 보내게 된다. 그러나 내일은 내일의 태양이 뜨는 법. 희망을 포기해서는 안 된다. 인내를 가지고 "새로운 영의 시간이 찾아오기를 기다"려야 한다.

탑승객

김혜순

동그란 커피 동그란 수프 동그란 국수
동그란 윤회 동그란 것만 보면 속이 울렁거려

엄마의 안경알 속에서 아기가 부화한다
아기가 겨드랑이를 긁적이더니 사타구니를 긁적인다

아기의 사타구니 속에서 엄마가 하나 부화한다

거울 속에서 거울이 끝없이 거울이 부화한다
햇살 속에서 햇살이 끝없이 햇살이 부화한다
그렇게 한바퀴 거슬러 돌다 보면
당신과 내가 부둥켜 안은 알이 부화한다

약병에서 알약들이 부화한다

천장에 붙은 물방울 속에서
구더기들이 부화한다 파리들이 부화한다
미끄덩거리는 올챙이가 부화한다
올챙이에서 황제개구리가 펄쩍 뛰어오른다

다음 생엔 브라만으로 태어나세요 다음 생엔 남자로 태어나세요
나를 속이려는 동그란 말 나를 속이려는 우주의 동그란 궤적들

내 방을 유영하는 잠의 비행선에서 내가 부화한다
잠옷을 입은 채 끌려나온 탑승자의 몸에서 비린내가 난다
내가 아직 다 만들지 못한 내 유령에서 생선 아가미 냄새가 난다

잘 자라 우리 엄마 앞뜰과 뒷동산에 새들과 아가양과
엄마를 재워다오 한 번 엄마는 영원히 엄마 엄마를 재워다오

동그라미는 싫어 순환하는 건 싫어 낮 다음에 밤이 싫어
동그라미 같은 세상이라는 말은 누군가 나를 속이려는 말

알 낳고 그 알 품은 여자들을 속이려는 말

밤에 갇힌 낮 낮에 갇힌 생선 생선에 갇힌 알 속에 갇힌 불면증
내가 소리친다
세상에 태어나 다시 되돌아갈 잠의 비행선을 그리던 사람이
소리친다

동그라미는 싫어 정말 싫어 이곳을 기다리는 곳이라고 말하는 자들이 싫어

동그란 국물 동그란 빗물 동그란 계란 정말 싫어
모두 사라지고 나면 다시 동그란 그릇 다시 동그란 방 다시 동그란 거리
그릇 속의 물이 싫어
쇠나팔 속에서 울리는 동그란 소리들 싫어

동그란 몸속에서 튀어나오려는 물감들을 틀어쥐고
가쁜 숨 몰아쉬는 사람이 소리친다
정말 싫어!

헤아릴 수 없이 오랜 역사를 간직한 "동그란" 세상에서 "동그란" 꿈을 꾸다가 "동그란" 세상으로 튕겨져 나온 "동그란" 인생, "동그란" 삶이다. 삶이 뭔지도 모르고 첨벙첨벙 뛰어놀던 초등학교 교정, 그 교실에서 우리는 첫 동그라미 평가를 받는다. 점수가 높을수록 동그라미 수는 많아진다. 동그라미 수에 의해 그날의 행복은 좌우된다. 자나깨나 우리는 "동그란" 관습과 "동그란" 규율을 배워나간다. 우리의 꿈이나 의지와는 상관없이 "동그란" 생활 태도를 강요 받기도 한다. 그렇게 나는 동그랗게 산 모범생이었다. 중학교 고등학교로 진학하면서부터는 주위에서 사회에서 "동그란" 미끼에 걸려 "동그란" 올가미에 걸려 허덕이는 이상야릇한 모습을 보게 된다. 그 알량한 체면과 명분이라는 허상. 종종 그 우스운 얄팍한 그물에 걸려 자유인의 권리를 포기하는 것도 보게 된다. 그러면서 자연스럽게 "동그란" 장밋빛 미래에 대한 환상의 플래카드가 물결치는 캄캄한 구름 속을 지나는 나그네가 된다. "나를 속이려는 동그란 말/ 나를 속이려는 우주의 동그란 궤적들"을 따라 "비린내가" 나는 어리숙하고 무기력한 삶을 살게 된다. 많은 사람들이 그랬던 것처럼, 지극히 당연하고 합리적인 삶의 방식인 것처럼, 우리는 평생 그 구름 속을 헤매는 존재일지도 모른다. 딱히 탈출구를 찾지도 못하고 아니 처음부터 존재하지도 않는 탈출구를 꿈꾸며 그저 쳇바퀴를 도는 존재 그 자체인지도 모른다. "동그라미는 싫어 순환하는 건 싫어 낮 다음에 밤이 싫어/ 동그라미 같은 세상이라는 말은 누군가 나를 속이려는 말/ 알 낳고 그 알 품은 여자들을 속이려는 말", "동그라미는 싫어 정말 싫어 이곳을 기다리는 곳이라고 말하는 자들이 싫어", "동그란 몸속에서 튀어나오려는 물감들을 틀어 쥐고/ 가쁜 숨 몰아쉬는 사람이 소리친다/ 정말 싫어!". 그러나 어찌하랴. 우리는 "동그란" 현실에서 동그랗게 살고 있는 걸. 그리하여 한 때 혁명을 꿈꾸던 "탑승자"는 낙천주의자가 된다.

뒤돌아보면

신달자

얼마쯤 와서일까
뒤돌아 보면
건너온 바다는 사라지고 빈 들만 누워있네
아 저 들! 하고 부르면 들은 사라지고 숲이 싱그럽게 서 있네
아 숲! 하고 온몸으로 눈을 뜨고 부르면 숲은 온 몸으로 눈을 감고 사라지고
아득하게 사라진 그림자 뒤에 오는 적막 가운데 서 있는 저이는 누군가
누구와도 친하지 못해 밤낮을 홀로 서서 줄기차게 홀로 서서 마음 붙일 바람 한가닥
기다리며 기다리며 기다리는 정체불명의 저
꼬락서니…

뒤돌아 보면

아직 그 자리에 서서 그 자리에 서 있기만 하는 거기 남아있는 것이 전부인

마음의 피가 땡겨

나는 자꾸만 뒤돌아 보고 뒤돌아 보는…

당신은 과거의 당신 모습이 그리운가? 그렇다면 그래도 당신은 행복한 삶을 산 것이다. 다시 그 시절로 되돌아가고 싶은 마음이 굴뚝 같을 것이다. 만일 옛 모습이 보고 싶지 않다면 당신은 아마도 무척이나 신산한 삶을 살았을 것이다, 기억하고 싶지 않은. 그래서 "뒤돌아 보면/ 건너온 바다는 사라지고 빈 들만 누워있"다. 바다가 사라졌겠는가. 사실은 그 바다가 보고 싶지 않은 것이다. 회한과 아쉬움의 자아가 걸어온 너무 긴 과거, 따라서 짧은 미래에 대한 희망도 희미하다. 미래의 거울에 자신의 모습이 뚜렷하게 투영되지 않는다. 그러나 잊어버리기에는 팽개쳐버리기에는 너무나도 아쉬웠던 과거, 그래서 "자꾸만 뒤돌아 보고 뒤돌아 보"게 된다. 그러나 거기에는 "누구와도 친하지 못해 밤낮을 홀로 서서 줄기차게 홀로 서서 마음 붙일 바람 한가닥/ 기다리며 기다리며 기다리는 정체 불명의" 존재만 서 있을 따름이다. 아무런 변화 없이 – 변화 없음은 사실은 쇠락을 의미하는 것

이다 – 별로 반갑지 않은 "꼬락서니"로 "적막 가운데 서 있는 저이는" 바로 자기 자신을 가리킨다. 과거의 삶이 무척이나 신산했던 만큼 아무리 뒤돌아 보아도 "아직 그 자리에 서서 그 자리에 서 있기만 하는 거기 남아 있는 것이 전부인" 자화상만 보일 따름이다. 그렇지만 아무리 힘들었던 과거일지라도, 같이 웃고 같이 울고 함께 아파하고 사랑했던 과거를 어찌 잊을 수 있으랴, 어찌 버릴 수 있으랴. 그래서 "마음의 피가 땡겨" "자꾸만 뒤돌아 보고 뒤돌아 보"게 되는 것 아니겠는가. 바라옵나니, 아름다운 과거만이 추억의 둥지에 깃들기를…….

주차장

김지순

칸칸이 들어앉은 쪽방이다

물고 늘어질 상대가 없어 널널한

그는 키만한 방에 누워 소리를 흡수한다

오고 가는 수많은 목소리

그를 가로지른 따뜻한 관이 되었다

진눈깨비 날리는 등 뒤에서

아버지의 외발다리가 썩어 들어갔다

그는 소문 없는 쳇바퀴로 굴러

모자 같은 널을 쓰고 달렸다

무주공산의 달빛을 타고 다니며

부러진 어금니로 더러운 식신이 되었다

세상의 속도에 닳아 입만 커져

간신히 과속방지턱을 넘어선 무거운 몸

그는 귀를 자르고

마침내 눈을 닫아건다

새하얀 쪽잠은 붕붕 길을 떠난다

인간은 자연과 사물을 의인화시키는데 천부적인 재능을 타고난 존재이다. 그때그때 자기의 생각에 따라 느낌에 따라 자연과 사물은 인간의 형상을 갖게 되고 인간의 사고를 하게 되고 인간의 감정을 갖게 된다. 그리고는 인간과 대화를 하게 된다. 그들은 군말없이 인간들의 모든 감정의 변화에 맞춰 자신들의 모습을 바꾼다. 인간이 바라는 대로 변화되어 준다. 자동차도 결코 예외는 아니다. 더구나 자동차는 어떤 면에서는 더욱 인간적이다. 어떤 자동차 컬럼니스트도 자동차가 아주 인간적이라고 말한 적이 있다. 자동차는 인간의 욕망 바로 그 자체라는 것이다. 자동차는 이성적이면서 동시에 감정적이기 때문에 바로 인간과 똑같다는 것이다. 그래서 차의 모습과 성능에 매료되어 이성이 마비되는 현상까지 생긴다. 당신은 차의 숨소리와 심장소리에 귀 기울여본 적이 있는가? 그렇지 않다면 차에 대해서는 문외한이나 다름없다. 차를 아끼는 운전자는 항상 차와 함께 호흡하고 차의 심장박동을 느끼며 함께 즐거워하고 함께 어려움을 견딘다. 자동차가 "쪽방"에서 "물고 늘어질 상대가 없어" 자유롭게 홀가분하게 널널하게 휴식을 취한다. "오고 가는 수많은 목소리"를 조용히 감상하며 어린아이가 자장가를 듣듯이 "새하얀 쪽잠"의 길로 꿈길로 "붕붕 길을 떠난다". 새파랗던 자동차도 늙는 건 어쩔 수 없다. 연비도 떨어지고 구동력도 저하되는 건 사람이나 똑같다. "썩어 들어"가는 "외발다리"로 달리기도 하고 "세상의 속도에 닳아 입만 커져" "더러운 식신이 되"기도 한다. 이젠 "과속방지턱을" 넘는 것조차 힘겹다. 우리의 예민한 감성의 친구는 그렇게 세월을 헤쳐나간다. "소문 없는 쳇바퀴로 굴러".

팽창

채호기

눈 속에 너무 많은 것을 집어넣었다.
바라보는 것들은 눈을 통과해 스며들지 않고
눈 속에 쌓이고 쌓여 팽창한다. 동그란
침묵의 껍질을 찢고 글자들이 자꾸만
삐져나온다. 책을 덮는다.

눈 감으면 포근한 암흑인 것 같은데
새하얀 들판, 낮밤을 알 수 없는
희끄무레한 생각의 장소, 짐승 발자국,
새 발자국, 내가 걸어온 발자국조차 없는
하얀 백지, 생각의 공간에는 우두커니
내가 서 있고 나머지는 새하얀 공백.
시야는 지평선으로 뻗어나가기는커녕

창 없는 흰 벽의 독방에 갇혀 있다.
사방을 가로막는 흰 눈이 내리고 나는 생각
속에서 더 이상 발걸음을 옮기지 못한다.

눈 뜨면 계속해서 눈이 내리고 눈은
어쩔 수 없이 눈 속으로도 들어간다.
녹지 않고 쌓이는 눈, 반짝이는 눈을
골똘히 바라보면 공중에서 떨며 시늉하는
글자. 생각의 장소에 글자는 그치지 않고

내린다, 얼어붙어 미끄러운 생각.
글자가 녹아 스며들고 흘러 생각에 새로운
물이 보태지고, 몸을 흐르고 흘러 윤기 나는
율동의 생각이 생기나는 활동을 깨우거나,
입 밖으로 흘러 말이 되어 너의 말랑말랑한
생각 속에 뒤섞이지 못하고 생각의 장소에
글자들이 딱딱하게 떨어져 쌓인다. 모나고
까끌까끌한 글자들, 바라보면 글자들은
눈을 통과해 스며들지 않고
눈 속에 쌓이고 쌓여 팽창한다.

무수히 떠다니는 상념의 먼지들, 공기청정기도 통과하지 못하고 떠돌고 있다. 시간이 쌓일수록 먼지도 많아지고 두터워진다. 마르지 않는 상념의 강물, 이 강에 결코 가뭄은 찾아오지 않는다. 물고기도 풍부하다. 하지만 고기 한 마리도 낚이지 않는다. 형상화되지 않는 생각들, 말들, 그리고 글들, 아무 것도 짜지 못하고 무의미하게 흘러만 간다. 허무함만 남는다. 순화되지 않고 쌓이는 상념과 번뇌의 찌꺼기, "책을 덮는다"고 결코 없어지지 않는다. 줄어들지 않는다. 오히려 "스며들지 않고" "쌓이고 쌓여 팽창한다". 수많은 빛이 합치게 되면 하얀 색이 된다. 수많은 상념의 빛, 프리즘을 통한 한 줄기 선명한 빛같은 글자 하나 만들어내지 못한다. "얼어붙어 미끄러운 생각"에 창의적이고 감동적이고 "윤기 나는" 말이 되지 못하고 "생각의 장소에/ 글자들이 딱딱하게 떨어져 쌓인다." "생각의 장소"는 "새하얀 들판"이고 "짐승 발자국, 새 발자국, 내가 걸어온 발자국조차 없는/ 하얀 백지"이다. 이러한 "생각의 공간"은 "새하얀 공백"이고 "창 없는 흰 벽의 독방"이고 창살없는 감옥이다. 잊고자 하면 할수록 더욱더 선명하게 떠오르는 마음 시린 추억이다. "녹지 않고 쌓이는 눈", "공중에서 떨며 시늉하는/ 글자", "모나고/ 까끌까끌한 글자들"이 "눈을 통과해 스며들지 않고/ 눈 속에 쌓이고 쌓여 팽창한다." 쌓이면 염증을 일으키고 살은 벌겋게 부어 통증을 일으킨다. 팽창은 염증이고 고통이다. 터져 없어지든지 속으로 스며들고 흡수되어 가라앉아야 한다. "생각에 새로운/ 물이 보태지고, 몸을 흐르고 흘러 윤기 나는/ 율동의 생각이 생기나는 활동"이 되어야 한다. 소화불량에서 벗어나야 한다.

노인과 아이

박 철

예닐곱 살, 파란색 바지를 입은 아이가 쥐색 치마에 등굽은
할머니의 주름진 손을 잡고 골목길을 지난다
할머니의 조용한 발걸음은 지구를 품으며 따뜻한 숨을 내뿜는 꽃가마다
아이는 안다
할머니의 오랜 친구가 발밑에 사는 것을
그래서 아이는 지구가 할머니의 옆동네고
지구 너머 우주의 꽃들도 물처럼 흐르는 은하수도, 모든 것이
아이의 작은 손과 이어져 있음을
할머니의 손이 아이처럼 작지만 따뜻한 건 저 지구 너머까지
세상이 그런 탓이라고 아이는 다 아는 얘기를 자라며 확인할 것이다
할머니도 한때 아이였고 행복한 순간마다 주름살을 그으며 살아왔다
아이의 미끈한 팔뚝이 가을바람에 반짝이고
이 골목에서 노인과 아이는 올 겨울도 거뜬히 보낼 것이다

나는 창문 밖으로 아이와 노인을 보내며
가슴에 파란 꿈과 쥐색 추억을 그려 넣는다

"노인과 아이", 가는 세대와 오는 세대, 한 세대를 건너 뛴 다른 세대의 만남, 이 얼마나 뿌듯한 모습이냐, 아름다운 풍경화를 보고 있는 듯한 느낌이다. 대가족이 해체되고 핵가족이 흔들리고 이제 '홀로' 가정(?)이 늘어나고 있는 세태에 있어서랴.

나의 유소년기는 할머니에 관한 추억으로 가득 차 있다. 유난히도 할머니의 사랑을 독차지하고 성장한 탓이기도 하겠지만 나의 할머니에 대한 지극한 효성(?)은 주위 사람들의 관심을 끌기에 충분했던 것 같다. 할머니는 당시에 내가 알 수도 없었던 위장병으로 고생하고 계셨고 담배를 피우셨다. 지금처럼 좋은 약도 없었던 시절이었으리라. 그래서 할머니는 여기저기에서 꼬막껍질을 모아 오셨다. 그 꼬막껍질을 잘 구운 다음에 절구에 찧어서 가루로 만들었다. 그 꼬막가루가 바로 할머니의 위장약이었다. 지금 생각컨대 참 원시적인 약이었다고 생각되지만 어느 정도 일리는 있었다는 생각을 한다. 아무것도 모르던 어린 나는 기회만 있으면 이런 할머니의 위장약을 만들어내곤 하였다. 꼬막껍질을 수집하고 굽고 절구에 찧는 일이 그렇게 힘들다는 느낌은 없었다. 그저 할머니에 필요한 약으로 생각하고 즐거운 마음으로 했다. 그런 손자의 정성에 어디 감동받지 않을 할머니가 있겠는가. 손자가 할머니의 희망이고 손자 때문에 사신다는 말씀을 수시로 하셨고 나의 할머니에 대한 효심은 집안과 주위사람들의 화제가 되곤 하였다. 또 할머니는 담배를 피우셨다. 그 당시를 회상해 보면 담배가 그리 풍부하지는 않았던 것 같다. 나는 어렸을 때 군것질을 별로 하지 않았다. 동전 몇 닢 생기면 동네 가게에서 과자나 사탕이 사먹고 싶은 마음이 들어 나갔다가도 막상 가게 앞에 서면 그런 마음이 가셔 다시 되돌아 오곤 하였다. 그렇게 모아진 동전을 주머니에 넣고 나는 공원으로 향하였다. 그다지 가깝지도 않은 거리였지만 그럴만한 이유가 있었다. 공원 가장자리에는 몇몇 할머니들이 날담배 - 종이로 말거나 곰방대에 넣어서 피울 수 있는 담배 - 를 팔고 있었다. 동전 몇 닢이면 내 조그만 손으로 한 주먹 정도의 날담배를 살 수 있었다. 그 담배를 사가지고 즐거운 마음으로 집으로 돌아와 할머니께 드리곤 하였는데 그때의 할머니의 기뻐하시는 표정을 어찌 지금인들 잊을 수가 있으랴. 나를 꼭 껴안아 주시던 할머니. 할머니는 나의 중학교 입시를 앞두고 돌아가셨다. 돌아가시기 직전까지도 할머니는 내 이야기를 놓지 않으셨다 한다. 할머니가 돌아가셨지만 나는 곧 명문 S중학교에 합격하여 할머니의 영혼을 위로해 드렸다. 할머니의 사랑은 유소년 시절의 나를 태우는 "꽃가마"였고 "지구 너머 우주의 꽃들"로 이끌어 가는 "파란 꿈"의 마차였다.

재래시장 살리기

최영철

대형마트에 얻어터진 난전의 눈두덩이 시퍼렇다
온 데 파스를 바르고 나온 친절 연습
사시사철 땡볕 세례에 그을린 할머니들
애교 떨며 보조개 만들며 요염한 브이자를 그린다
눈물겹다 자본주의 꽁무니라도 따라붙으려는
저 늦은 보충 학습
열등반으로 내몰렸으면 오기와 끈기만이 승부수
이왕 내친 길, 시장이 살 길은 시장
마트의 얼굴로 성형수술 할 게 아니라
더욱, 오로지, 바야흐로, 마침내
초지일관으로 시장다워지는 것
씩씩하게 툭툭 쥐어박듯
말 놓고 쌍심지 켜고

살 테면 사고 말 테면 말아라
단돈 천원에 백원에 십원에 떨며
바들바들 침 발라 만원짜리 퉤퉤 꼬불치는 것
덤 하나에 반 토막에 밀고 당기며 악에 악을 쓰다가
기분 나면 한 주먹 얹어주고 손 터는 것
아침은 여전히 시장 바닥에 제일 먼저 당도해
빛나는 햇살 꾸러미를 무진장 풀어놓았고
후줄근한 세상사 다시 이판사판 벼랑으로 내모는 것

'재래시장' 하면 언뜻 남대문시장이나 동대문시장이 떠오를 것이다. 하지만 나에게는 보다 더 향토적인 흙냄새 물씬 나는 시골장터가 생각난다. 초등학교와 중학교 시절 한 때 나는 방학이면 으레 시골로 내려가 지내는 게 생활처럼 되어 있었다. 학교 다니기 이전에는 전남 화순군 남면에 있는 이모집에도 자주 내려가곤 하였지만 학교를 다니면서는 이양면에 있는 고모집을 주로 다녔다. 지금이야 길도 훤하게 뚫려 있어 자동차로 금방 가는 곳이지만 그 당시만 해도 깜깜한 시골이었다. 비포장도로에 차가 있는 것도 아니고 — 증기기관차가 이끄는 완행열차를 타고 다녔다 — 전기가 없어 밤이면 칠흑 같은 어둠 속에서 등잔이나 양초를 밝혀야 했다. 그때 고모를 따라 시골장을 가는 경우가 적지 않았다. 시골장터에서 마주치는 사람들과 여러가지 볼거리는 나에게는 재미있는 활동사진 그 자체이었다. 지루한 줄 모르고 여기저기 기웃거리다 시간이 되면 귀가하는 동네 사람들과 한 무리가 되어 20리나 되는 비포장 시골길을 흐뭇한 마음으로 돌아오곤 하였다.

요전에는 전남 강진군 병영면에 들른 적이 있었는데 우연히도 그날이 5일장이 서는 날이었다. 그래서 식사를 끝내고 장구경에 나섰다. "빛나는 햇살 꾸러미를 무진장 풀어놓"은 시장에는 그저 날 것이 살아 숨쉬는 풋풋한 삶이 꿈틀거리고 있었다. "땡볕 세례에 그을린 할머니들", "초지일관으로 시장"답게 벌려 놓은 푸짐한 인심, 어린아이처럼 들떠 시장 곳곳을 돌아다니며 산소와 같은 풍성한 마음을 흠뻑 마시며 행복 자루도 두둑히 챙겼다. 대형마트의 기세에 눌려 생존 자체가 위태로워진 재래시장들, 그렇지만 다행스럽게도 그들은 아직도 살아 숨쉬고 있었다. "시장이 살 길은 시장"이라는 듯이 "후줄근한 세상사" 계속 쓰고 있었다.

개 파는 집

박주택

철창에 개들은 갇혀 있다
도축견이든 애완견이든 녹슨 철창에 엉켜 있다
바닥에는 오물이 코를 찌르고
핏물 자국은 비린내를 풍긴다
반쯤 털이 빠진 개 눈초리를 깔고 있다
앞다리로 붉은 살을 긁고 있다
사내가 개 한 마리를 철창 속에서 끄집어낸다
앞발로 완강하게 버티는 개
사내는 전기 충격기로 개를 쓰러뜨린다
동작을 멈춘 채 바라보는 철창 속의 개들
사내는 가스불로 개를 끄슬린 후
도마 위에 개를 올려 놓는다
칼을 내리쳐 개를 찢는다

벽에 튀기는 핏방울

철창에 튀기는 핏방울

우리들 생애에까지 튀기는 핏방울

올 여름 복날도 어김없이 견공들의 수난은 계속되었다. 고기 공급을 위해 사육된 개들로부터 버려진 개, 버림받은 애완견까지, 인간의 왜곡된 욕망을 충족시키기 위해 희생된 견공의 숫자는 과연 얼마나 될까. 보신탕, 요즈음에는 대외적인 이미지 때문에 영양탕으로 이름을 바꾼, 개고기의 식용에 대한 논란은 아직도 끝날 줄을 모른다. 서양에서는 아예 식용자체를 금기시 하고 있는 곳이 많지만, 식용을 전제로 한, 개의 사육과 도축문제 및 위생관리의 실태에 관한 우리나라의 입장은 아직도 딱히 결론을 짓지 못하고 그때그때의 상황에 따라 임기응변식 대응을 보여줄 따름이며, 잠깐 한 때의 이야깃거리로 떠돌다가 사라져 버리곤 한다. 구미에서는 개고기를 먹는 것 자체가 야만적이라고 비판하는 경향이 강하다. 그러나 우리나라의 개고기 식용 옹호론자들은 하나의 문화차이일 따름이라고 주장하며 시빗거리가 될 수 없다고 강변하고 있다. 어느 쪽이든지 그만한 이유는 있으리라고 생각된다. 나는 어느 쪽도 아니지만 그 문제점들에 대해서는 곰곰 생각해 보곤 한다. 우리나라에서도 요사이는 애완견을 키우는 사람들이 많아졌고 개에 대한 정성과 사랑이 대단함을 보여주는 모습이 이젠 드물지 않은 풍경이 되었다. 따라서 지금쯤이면 문화적 차이에 의한 개고기 식용에 대한 껄끄러운 논란도 서로 다른 문화의 혼융에 의한, 차이의 극복을 통하여 조만간 해결될 수 있지 않을까 하는 낙관적인 생각을 해보곤 한다. 한편 식용에 대해서 한 번쯤은 집고 넘어가야 할 문제점이 없는 것은 아니다. 즉 개고기에 대한 왜곡된 인식이다. 거기에는 단순히 쇠고기나 돼지고기같은 또 하나의 고기라는 인식의 차원을 넘어선 또 다른 인간의 비뚜러진 욕망이 숨어 있는 것이다. 일종의 강정식이라는 잘못된 편견에 푹 빠져있는 것이다. 그런데 왜 하필이면 개고기인가. 거기에 대해서는 과학적인 근거가 전혀 없다. 일종의 토속적인, 미신적인, 사회문화적인 여러 요인이 복합적으로 작용하여 그런 왜곡된 인식을 형성하게 된 것 같다. 그리고 그 결과는 잔인하다. "전기 충격기로 개를 쓰러뜨리"고 "가스불로 개를 끄슬리"고 "칼을 내리쳐 개를 찢는" 처참한 광경으로 이어진다. 과연 견공 그들에게도 영혼이 있다면……. 또 하나의 문제점은 이러한 작업이 음성적으로 이루어지고 있다는 사실이다. 사육에서부터 도축까지 어떤 규정도 없고 위생에 대한 가이드라인 및 감독도 없다. 그러한 뒷마당의 모습이 이 시에는 잘 묘사되어 있다. "바닥에는 오물이 코를 찌르고" "핏물 자국은 비린내를 풍긴다". 그런데 섬찟하게도, 여기에서 무한한 우주와 거대한 자연의 한 귀퉁이에서 신

음하는 인간의 모습이 느껴지지는 않는가. "완강하게 버티"어 보지만 무기력하고 무능한 모습만 재확인하게 되는 나약한 인간의 모습을. 혹 있을지도 모르는 견공들의 영혼의 울부짖음에서 "우리들 생애에까지 튀기는 핏방울"이 보이지 않는가.

파문

이은봉

애초에 돌을 던지지 말아야 했다
돌에 맞은 호수는 이내 파문을 일으켰다
애써 마음 가다듬고 있는 호수를 향해
돌을 던진 것 자체가 문제였다
파문은 둥근 물결도 품고 있었지만
날카로운 파도도 품고 있었다
파도는 세상을 떠도는 한 자루 칼!
칼을 품고 있는 파문이 문제였다
칼은 어떤 것이든 찌르기 마련!
아무데서나 상처를 만들기 일쑤였다
매번 상처는 쉽게 아물지 않았다
한바탕 곪아 터지고 나서야 겨우 아물었다
누군들 아프지 않을 수 있으랴

반란을 꿈꾸지 않을 수 있으랴
공들여 마음 가라앉히고 있는 호수를 향해
돌을 던진 것 자체가 문제였다
애초에 돌을 던지지 말아야 했다
돌을 맞고 어찌 파문을 일으키지 않으랴.

글쎄 말이에요, 지렁이도 밟으면 꿈틀거린다는 그 흔해 빠진 이야기도 있잖아요. 그런데 함부로 "돌을 던지"다니. "애써 마음 가다듬고 있는 호수를 향해". 참으로 무모하기 짝이 없고 철이 없구나. "파문"이 "날카로운 파도"를 품고 있다는 걸, "파도는 한 자루의 칼"이라는 걸 몰랐다고? 어수룩하기는……. 이제라도 깨달았으니 그나마 다행이구나. 그런데 그걸 알면서도 "돌을 던지"는 사람들이 있단 말이야. 도대체 그 사람들의 속내를 알 수가 없어. 뭐, 어쩔 수 없었다고? 피치 못할 사정이 생겼다고? 아니 이런 사람도 있지. 내가 정신이 나갔는가바 왜 그랬을까 참, 바보 멍청이……. 아, 이런, 그놈의 술이 웬수지 웬수, 용서하게. 뭐 이 정도까지도 동정의 여지는 있으리라. 그러나 정말 음흉한 목적을 가지고 고의적 실수(?)를 저지르는 사람도 적지 않다. 아니 내가 누군지 몰라서 그래? 하루 이틀 본 것도 아닌데. 그렇게 사람의 마음을 아프게 하는 것이 무슨 좋은 일이라고, 가학적 변태성을 가지지 않는 한에는 말이야. 그렇다! 참 조심하지 않으면 안 된다. 나의 사소한 실수가 많은 사람들의 또는 약한 사람들의 마음에 커다란 상처를 줄 수 있으니 말이다. "누군들 아프지 않을 수 있으랴." 누군들 "반란을 꿈꾸지 않을 수 있으랴". 하지만 우리는 참고 있는 게 아닌가, 자신을 다스리며 사는 게 아닌가, 달리 말하면 이게 덕을 쌓는 것이고 사랑을 전파하는 것이 아닌가. 아! 무서워라, "세상을 떠도는 한 자루 칼". 힘든 세상을 아슬아슬하게 건너가는 당신들, 제발 "공들여 마음 가라앉히고 있는 호수를 향해" "돌을 던지지" 맙시다.

해일의 기록

정숙자

흔들렸네 엄마가 주무실 때조차 출렁거렸네
양수羊水란 태초의 망망대해
거기 한 방울로 맺힌 날부터 흔들림은 시작되었네
나직한 파도는 평화였지만 그 부드러운 물너울조차 아직 눈자위 실하지 못한 태아에겐 검푸른 해일이었네 풍랑을 견디어내는 게 280 일 동안의 일상이자 숙제였네
흔들림 자체가 성장의 현장 또는 증거였음을…
적敵이라곤 없는 어머니 뱃속조차
흔들림 가득했거늘
너무나 많은 사람이 함께 살아가는 이 바다야 두말할 나위 없이
사바娑婆 사바娑婆 사바娑婆 사바娑婆

흔들림은 열매의 기틀

흔들림은 노래의 토끝
흔들림은 구름의 뿌리

씽 씽 씽 태풍이라도 겁낼 것 없네
이미 풍랑을 넘어온 맨발
어느 먼 훗날을 위해
한 굽이가 밀려가고 한 굽이가 밀려가고 한 굽이가 밀려갈 때마다 태아는
파랑이랑 지문指紋으로 남겨두었네 지문의 행간 - 행간에 극복일지 저장해뒀네
사람들 저마다 지문이 다른 까닭은 각기 다른 바다와 파도가 밀렸기때문
그렇지만 그 공통분모는 '흔들림을 넘어왔노라'

사람마다 "지문이 다른 까닭"을 이제야 알겠구나. 태아 시절의 역사가 기록되어 있는 칩이 바로 "지문"이었구나. 그 기록을 잘 읽어내면 엄마 배 속에 있던 시절 태교의 현장까지도 밝혀낼 수 있겠구나. 사실 태교의 중요성은 옛적부터 이야기되어온 바 우리 조상님들 생활의 지혜를 엿볼 수 있는 좋은 예이고 작금 과학적인 근거도 제시되

고 있는 만큼 거기에 대한 관심과 정성은 결코 소홀해짐이 없다. 원래 생명의 근원은 물, 바다였고 그 역사는 지금도 되풀이 되고 있다. 개체발생은 종족발생을 반복한다고 했던가. 우리가 육지에서 태어나고 육지에서 살아가고 있지만 사실상 엄마 배 속에 "한 방울로 맺힌 날부터" 세상에 태어나는 날까지는 바다의 생활을 하게 된다. 양수라는 "망망대해"에서 말이다. 그런 만큼 "흔들림 가득"한 "망망대해"에서 그 어려운 항해는 이미 시작되고 있는 것이다. 그 "흔들림"은 쉴 새 없이 밀어닥치는 "풍랑"이고 때로는 "검푸른 해일"이다. "엄마가 주무실 때조차" 가득했던 "부드러운 물너울"은 "열매의 기틀"이고, "노래의 토끝"이고, "구름의 뿌리"이다. 이렇듯 세상에 나오기 전부터 "사바"에서의 힘든 삶을 이겨내기 위한 극기훈련은 시작되는 것이다. "어머니 뱃속조차" 천국같은 평안한 곳은 아니라고 "사바"의 모형이라고. 아, 생명과 삶의 처절함이여! 놀랍게도 이 진리를 미리 깨친 우리 조상님들은 태교에 그만큼 많은 정성을 쏟아왔다. 목적지까지 가기 전에 미리 가상주행을 해본다거나 어떤 일을 수행하기 전에 미리 시뮬레이션을 통해서 성공적인 임무수행을 위한 만반의 준비를 기하는 것이다. 이러한 훌륭한 시뮬레이션 시스템이 우리에겐 이미 존재하고 있다는 사실을 이 시는 밝혀주고 있다. "어느 먼 훗날을 위해" 태아는 엄마 배 속에서조차 극기훈련을 받고 있는 것이다. 그러면서 그 과정과 결과를 "지문의 행간 – 행간에" 꼼꼼이 기록하고 있는 것이다. "한 굽이가 밀려가고 한 굽이가 밀려갈 때마다 태아는 파랑이랑"을 자신의 몸에 내장된 칩에 저장해 놓는 것이다. 생명에 대한 외경과 신비스러움이 느껴지지 않는가. 이 "흔들림"을 넘어 무사히 졸업하게 되면 태아는 행복한 미래를 담보할 수 있는 건강한 아기로 태어나게 될 것이다. 양수라는 "태초의 망망대해"는 인생의 예비학교이며 "지문"은 몸으로 흔들리며 쓰는 태아의 일기, 즉 "극복일지", 항해일지, 태교일지인 것이다.

사랑은 산책자

이병률

마음이 마음을 흠모하는 것
줄 서는 것 떠드는 것
시간이 시간을 핥는 것

서서히 차오르는 것
그러고도 모른 체하는 것
소멸하는 것으로 존재하는 것

그러니까 뼈를, 그것도 목뼈를 살살 분질러뜨리는 것
서서히 떨어지는 속도를 보이는 것

새를 참견하는 것
주책없이 경치에 빠지는 것

장막 하나를 찢어 지독하게 덮어버리는 것
견딜 수 없이 허우적대는 것이 스스로의 요구인 것

의욕하자니 힘이 되는 것
아나콘다가 악어를 입에 넣는 것

모퉁이를 돌기 위해 짐을 꾸리거나
주변을 무겁게 하지 않는 것

주소를 버리고 눈을 감는 것
모퉁이에 곁을 주지 않는 것

사랑은 산책하는 자,
산책으로 젖는 자

당신은 플라토닉 러브의 찬미자였지 설렘에 떨었고 몇 킬로미터나 되는 긴 줄도 기꺼이 받아들였어 당신은 기다리는 시간을 원망하지 않았고 마치 망부석이라도 된 듯 하염없이 즐거운 마음으로 기다렸지 당신은 뻗어나가는 사랑의 줄기를 따라 끝 모를 여행을 시작했어 그러면서도 자존심은 있어서 가끔 딴전을 피우기도 했지 사랑하는 여신이 당신에게서 멀어져 갈 때 당신은 짝사랑의 슬픔에 빠져들었고 당신의 존재도 왜소해져 갔지 당신은 때때로 샤를롯데를 사랑하다 스스로 세상을 떠나버린 젊은 베르테르를 당신의 모습에 오버랩 시키곤 했어 당신은 한 때 사랑의 고뇌 속에서 헤매다가 실업자와 외톨이가 되는 비운을 겪기도 했지 당신은 사랑과 실연의 아픔에 휘청거리는 사람들 무리에 끼어 동병상련의 회포를 풀곤 하였어 그러다가 도도히 그리고 유유히 흐르는 강의 옆구리에 앉아 멍하니 하루를 보내곤 했지 가끔은 동면에 든 곰처럼 어둡고 축축한 지하방 구석에 숨어 까닭 모를 설움과 절망에 빠져 한동안 새카만 은둔자가 되기도 하였어 그러다가도 사랑의 여신을 생각하며 벌떡 일어나 삶의 의욕을 불태우기도 했었지 그때 그 아름다운 곡들이 희망처럼 탄생하곤 했어 그러나 여린 당신은 근본적으로는 사랑의 여신을 위해 전혀 눈치채지 못하게 당신 자신을 희생시키는 인내의 사람이었지 그 여신에게 결코 무거운 마음의 짐을 지우려 하지 않았지 그래서 당신이 사랑했던 그 여신은 당신의 고통과 우여곡절을 전혀 깨닫지 못하고 자유롭고 평화롭게 살고 있어 아름다운 숲의 요정으로, 먼 세상을 방황하다 돌아온 당신은 이제 행복한 숲지기가 되었어

오래된 밥상

이대의

가족에게 밥상을 차려 주고 싶은 마음이 매달려 있다. 데인 자국으로 얼룩진 상처 안고 쓸쓸하게 부엌 구석에 걸려 있는 모습. 가난한 허기를 채워주었던 마음 아직도 지우지 못하고 있다. 밥투정 많았던 아이들을 생각, 손님이 찾아오면 차릴 게 없어 허둥대던 어미의 마음들이 안타깝게 자리 잡고 있다. 가족들과 정도 많이 들었다. 밥상 차리기 전 말끔하게 단장하던 기억, 밥상이 차려졌을 때의 행복, 맛있게 먹는 가족의 정, 이 모든 것을 식탁에게 빼앗기고 이젠 쓸모없이 벽에 걸려 있다. 아직도 가난한 행복을 지켜줄 기력이 남아 있는 오래된 밥상. 한번쯤 밥상을 차려 주고 싶은 마음이 매달려 있다. 밥상 앞 가족들의 그리움으로 몸살을 앓고 있다.

'가족'의 사전적 의미를 보면 "부부를 기초로 하여 한 가정을 이루는 사람들"이다. 하지만 이것만으로는 우리의 오래된 정서적인 가족의 의미를 충족시키지 못한다. 그래서 비슷한 말인 '식구'를 사전에서 찾아 보았다. 국어사전에는 "한 집에서 같이 살며 끼니를 함께 하는 사람"으로 되어 있다. 그렇다면 우리의 전통적인 정서적 가족의 의미는 식구의 의미도 포함하는 것이라야 한다.

"밥상"은 가족을 의미하였고 거기에는 항상 따뜻하고 진지한 대화가 있었다. 가족공동체의 자리이었고 가족구성원으로서의 예의범절과 사랑이 자라는 곳이었다. 상차림, 식사, 상물림은 일상이면서 대사이었다. 밥상에는 "밥투정 많았던 아이들"이 있었고 "손님이 찾아오면 차릴 게 없어 허둥대던 어미의 마음"이 있었다. 그러한 밥상이 이제는 골동품이 되어 삶의 뒤켠으로 밀려났다. "데인 자국으로 얼룩진 상처 안고 쓸쓸하게 부엌 구석에 걸려 있는" 신세가 된 것이다. "한번 쯤 밥상을 차려 주고 싶은 마음"을 쓸쓸히 간직한 채 멀어져 가는 사랑과 그리움의 등 뒤로 외로운 눈길만 보내고 있는 것이다. 생활 수준의 향상과 삶의 양태의 변화는 '밥상문화'에도 큰 변화를 가져왔다. "식탁"이 밥상을 대신하게 되었고 식탁은 현대인들에게 편리함을 제공하였다. 반면 외로움과 "그리움"이라는 병도 가져다 주었다. "밥상 차리기 전", "밥상이 차려졌을 때" "맛있게 먹는 가족"의 행복했던 기억과 정을 빼앗아 간 것이다. '밥상문화'의 변화는 개인주의의 발달을 가져왔고 생물학적인 "허기"의 사라짐 대신 정신적인 "허기"라는 비싼 대가를 치루게 하고 있는 것이다. "오래된 밥상"이

"밥상 앞 가족들의 그리움으로 몸살을 앓고 있다."

마지막 주유소에서

복효근

학교때 은사님 말씀,
항상 마지막인 것처럼 살아라
문구는 멋있었으나
마지막을 생각하기엔 난 젊었다
지리산 마지막 주유소 간판은
그래서 늘 협박이거나 공갈이었다
고개 넘어 저쪽 산내에 가면
거기도 마지막 주유소 있다
고객을 내 가족처럼이라는 광고만큼이나
다 상술이고 수사라 생각했다
십 년째 이 길 오고 가면서
고집스레 마지막 주유소엔 가지 않았다
오늘은 안 되겠다

주유등 들어온 지 오래됐다
처음으로 마지막 주유소에 갔다
그 동안 속아주지 않은 것 미안하여
만땅 채웠다
내 이럴 줄 알았다
계산하려니 지갑을 두고 왔다
안 속으려 들면 내가 내게 지독하게 속는다*
은사님 말씀 뜻을 알 것 같다
지금 여기가 마지막이다
마지막 아닌 것은 없다

*김수영의 「성性」에서 한 구절 변용.

"협박이거나 공갈" 같은 말이 있었다. "항상 마지막인 것처럼 살아라"라는. 그 말의 의미를 모르는 것은 아니었지만 왠지 "마지막"이라는 말의 이미지는 썩 달갑지 않았다. 우리는 그만큼 "젊었"기 때문이었다. 너무 각박하지 않은가. 그렇지만 이 썰렁한 단어의 무게는 결코 벗어날 수 없는 숙명적인 고리에 연결되어 있는 듯하다. 인생관이라는 것을 한마디로 요약한다면 마지막 즉 죽음에 대한 자세 아니겠는가. 그러한 만큼 우리는 한번 쯤은 꼭 생각을 정리해 둘 필요가 있을 것이다. 내일 지구의 종말이 올지라도 오늘 사과나무 한 그루를 심겠다고 한 어느 철학자의 말을 굳이 거론하지 않더라도 오늘에 대한 우리의 마음가짐이나 각오를 점검해 봐야 하지 않을까 하는 생각은 변함이 없다. 송구영신의 계절에 이에 대한 상념이 더욱 절실해짐을 느끼는 것이다. 어떤 사람은 추억에 산다 하고 어떤 사람은 미래에 산다고 한다. 매우 낭만적인 서술이기는 하나 냉정하게 살펴볼진대 우리는 현재에 살고 있는 것이다. 우리의 당면 과제는 지금 이 순간을 어떻게 살 것인가를 고민해야 하는 것이다. 아니 그저 고민할 게 아니라 살아야 하는 것이다. 이 삶이 곧 과거가 될 것이고 미래는 새로운 현실로 다가오는 것이다. 주어진 자리에서 최선을 다해야 하는 것이다. "지금 여기가 마지막"인 것처럼. 잔꾀 부리려다 데이고 다치는 "내가 내게 지독하게 속는" 꼬락서니도 보기 민망하다. 현재를 살아라. 카르페 디엠carpe diem.

공룡능선, 공룡능선이여

임윤식

꿈을 꾸었다
구름 속을 오르고 있었다
하늘바다 위에는 기기묘묘한 봉우리들이 출렁이고
아직 피지 못한 꽃들이 웅장한 암릉으로 이어져
하늘 향해 기어오르고 있었다
그건 승천을 위한 억겁의 몸부림,
처절한 바램이 칼날처럼 응고된 보석이었다

이곳은 분명 하늘나라 정원이었다
아! 샹그릴라
형형색색의 꽃밭과 신비스러운 조각바위들이 깊은 계곡을 수놓고
산 정상에는 거대한 바위성城이 동화나라를 지키고 있었다
멀리 능선 너머 신선들의 옷자락 펄럭이고

난 구름 사이사이를 춤추며 걸어갔다

안개 걷히고 바다가 열리자
봉우리, 봉우리들이 은밀한 속살을 드러내기 시작했다
뒤틀린 근육결 사이로 붉은 설렘이 낭자하고
멀리 뻗어내린 가지, 가지마다
수많은 환희의 싹들이 솟아오르고 있었다

꿈에서 깨어났다
그런데 세상에, 이건 정원이 아니었다
난 쥬라기시대 거대한 공룡의 등을 기어오르고 있었다
샛길도 없는 외길, 떨어지면 죽는 길이었다
굽이쳐 꿈틀대는 웅장한 등줄기를 타고
숨 헐떡이며 아슬아슬하게
거칠고 지루한 삶의 암릉을 넘어가고 있었다

몇 해 전인가 경상남도에 있는 황매산을 등반한 적이 있었다. 철쭉으로 유명한 그곳은 해마다 봄이면 철쭉제가 열리는 곳으로 유명하다. 나도 정기적으로 산행을 같이 해오던 친구들과 함께 철쭉구경에 나섰다. 정상에서 점심을 하기로 하고 산기슭을 출발하였다. 산행에 그리 익숙하지 못한 나로서는 오르막길이 결코 만만하지는 않았지만 큰 무리 없이 정상에 오를 수 있었다. "아! 샹그릴라", "하늘바다 위에는 기기묘묘한 봉우리들이 출렁이고", "붉은 설렘이 낭자하고", "수많은 환희의 싹들이 솟아오르고 있었다". 그곳은 "거대한 바위성"의 "동화나라"이었다. 그러한 꿈 같은 기쁨을 가득 안고 곧 하산의 길로 들어섰다. 그런데 느긋하고 편안한 하산을 기대했는데 정반대의 현실이 드러나기 시작하였다. 온통 바위투성이이고 길도 있는 둥 마는 둥 매우 험하고 위험스러웠다. "난 쥬라기 시대 거대한 공룡의 등을" 내려오고 있었다. 이제야 "꿈"에서 깨어난 듯 더 이상 세상은 "정원이 아니었다". 꿈과 현실, 그 경계를 생각하는 사이 한 짧은 에피소드가 스쳐 지나갔다. 얼마 전 자동차로 퇴근하는 길이었다. 신호등 앞에 잠시 정차하고 있는데 차가 계속 전진하는 것이었다. 힘차게 브레이크를 밟고 있는데도 기어이 앞에 있던 벤츠 승용차를 들이받고 말았다. 그런데 사실은 앞 벤츠 승용차가 뒤로 흘러내린 것이었다. 순간의 착각 때문에 난 얼마나 길고 힘든 '찰나'를 고민해야 했던가. 난 얼마나 많은 착각 속에서 이 세상을 살아가고 있는 것인가 하는 상념도 잠시 나는 아직도 "숨 헐떡이며 아슬아슬하게/ 거칠고 지루한 삶의 암릉을 넘어가고 있었다".

거인

김재진

사람들은 기도를 무엇을 구하는 것이라 여기네.
가까운 이의 죽음 앞에 아무 것도 할 수 없어 무기력 할 때
누군가로부터 버림받았을 때
사랑하는 이의 눈동자 속에서 더 이상
내 안을 비추는 따뜻한 빛 찾을 수가 없을 때
답답함이 세력을 얻어 숨조차 쉴 수 없을 때
내일이 안 보이는 깜깜함에 갇혔을 때
어딘가에 매달려 사람들은 기도하고 싶어 하네.
한때 내가 사랑했던 사람과
한때 내가 미워했던 사람과
한때 나를 힘들게 했던 그 모든 벽들과
벽들이 갈라놓은 질식의 공간과
저녁의 식사와 아침의 푸른 공기 사이에 박혀 있는

갈구渴求의 절박함

그러나 기도는 뭔가를 구하는 것이 아니라네.

기도는 또 하나의 나

내 안에 숨어 있는 거인을 불러내는 일이라네.

하루도 빠지지 않고 새벽기도를 열심히 나가는 이웃집 아저씨가 있다. 어둠 속에 잠들었던 우리 아파트는 그의 새벽기도로 눈을 떠서 부산한 하루를 시작한다. 하루도 거르지 않는 그의 열성에는 그저 감탄할 수밖에 없다. 무엇 하나 열심히 한다는 것 자체가 결코 쉬운 일이 아닐진데 동기야 어찌됐던, 그의 신앙의 깊이가 어찌됐던 간에 한결같은 그의 새벽기도는 오늘도 계속되고 있다. 풍문에 듣자하니 거듭된 사업실패로 빚더미에 앉게 되어 새벽기도를 다니게 되었다고 한다. 얼마나 갈급했으면 그랬을까 하는 안타까움과 함께 기도에 대해서도 잠깐 생각해 보게 되었다. 기도란 그렇게 절박한 상황에서 무엇을 구하고자 하는 인간의 종교 행위이다. 자신의 능력으로서는 한계를 느끼는 상황, 즉 가장 약해지고 작아지는 자신을 보면서 지푸라기라도 잡는 심정으로 지옥 같은 현실을 극복해 보고자 하는 것일 터이다. "사랑하는 이의 눈동자 속에서 더 이상/ 내 안을 비추는 따뜻한 빛 찾을 수 없을 때", "답답함이 세력을 얻어" 세상을 우롱

하고 있을 때, "내일이 안 보이는 깜깜함에 갇혔을 때", 사람들은 "어딘가에 매달려" "기도하고 싶어" 한다. 이러한 종교적인 사고와 활동은 인간에게 희망을 갖도록 해주며 "벽들이 갈라 놓은 질식의 공간"에서도 사랑을 갖게 하는 위대한 힘을 갖고 있다. 하지만 이러한 종교활동이 단순한 기복신앙적인 함정에 빠지면 이상한 결과를 초래할 수도 있다. 시적 화자는 말한다. "기도는 뭔가를 구하는 것이 아니라"고. 기도는 나약한 자신을 더욱 짓무르게 하는 단순한 울부짖음이 되어서는 아니될 것이다. 화자는 또 말한다. "기도는 또 하나의 나/ 내 안에 숨어 있는 거인을 불러내는 일이라"고. 얼마나 고무적이고 희망적인 설법인가.

로즈 버드

김신용

로즈 버드‥‥ 장미꽃봉오리‥‥ 작고 사고한 것의 가치라는 뜻 ‥‥ 작고 사소한 것의 가치라니‥‥ 언제 그런 것에도 의미가 있었나? 싶으면서도‥‥

마당가에 핀‥‥ 장미의 넝쿨 앞에 자주 선다‥‥ 채 피지 않은‥‥ 초경의 젖몽우리처럼‥‥ 이제 갓 망울지기 시작하는 것들을 보면‥‥

이 가슴 환한 두근거림이 어디서 오는지 알 것 같아‥‥

로즈 버드‥‥ 하찮은 쓸모없는 것들의 가치를 상징하는‥‥ 저 장미꽃 봉오리를‥‥ 쓰레기통에 버려진‥‥ 온갖 것들을 살아있게 하는‥‥

정크 아트 같다고 해야 하나····
돌의 연금술 같다고 해야 하나····

그러나 오오, 저런 집어등들이 있나···· 새로운 세계를 향해 열린 호기심들이···· 동경이···· 자석처럼 빨아들이는····

색깔들은 벌써 붉어···· 자신만의 독특한 향기까지 머금고 있어····

저렇게 삶이 아름다워 보이던 때가 언제였을까····

별을 잃어버린 지 이미 오래인 내 부박한 생활에서도···· 아무렇게나 열린 앞섶의 단추를 매만지게 하는····
이제 갓 망울지기 시작하는 장미꽃봉오리···· 로즈 버드····
그래, 물건이란 제 각각의 생명을 지니고 있어서····
영혼이라는 것을 깨우기만 하면 된다···· *

오오, 저런 가슴 두근거림이 있나···· 울타리를 낮게 포복해 가는 장미의 넝쿨이 집요하게 움켜쥐고 있는····
저 집어등!

*마르께스의 『백년의 고독』에서

"가슴 환한 두근거림"이란 어디에서 오는 것일까. 고요한 기쁨이 잔물결처럼 밀려오는 때는. 엘리베이터 앞에서 서성이는 환자에게 길을 안내해 줄 때, 알 수 없는 두려움에 몸과 마음을 움츠린 환자에게 따뜻한 말 한마디 해 줄 때처럼 "작고 사소한 것의 가치"를 깨닫고 실현할 때가 아닐까.

'무소유'의 스님, 법정스님이 3월 11일 입적하였다. "장례식을 하지 마라. 수의도 짜지 마라. 평소 입던 무명옷을 입혀라. 관도 짜지 마라. 강원도 오두막의 대나무 평상 위에 내 몸을 놓고 다비해라. 사리도 찾지 마라. 남은 재는 오두막 뜰의 꽃밭에 뿌려라"라는 유언을 남기고. 이 세상에서 가장 위대한 종교는 '친절'이라고 설파한 그는 작은 친절과 따뜻한 몇마디 말이 이 지구를 행복하게 한다고 하였다. 우리는 작고 사소한 것에 무성의할 때가 많다. 그 가치를 모르는 것도 아니면서 말이다. 평소에 거대한 것이 아니라 지금 현재 일상의 소중함을 가르치고 실행해 오신 스님의 삶을 보고 다시 반성하며 삶의 의미와 가치를 생각해 보는 시간을 갖는다. 스님을 개인적으로는 한 번도 뵌 적은 없지만 70년대 유신독재시절 민주화를 위해 앞장서고 고난을 받았던, 민주화투쟁인사로도 널리 알려진, 내가 존경했던 사람들 중의 한 분이다. 그가 빛 한줄기 남기고 떠났다. "삶이 아름다워 보이던 때"가 언제인가를 보여 주고. "별을 잃어버린지 이미 오래인 내 부박한 생활"에서 삶의 의미를 다시 각인시켜 주는 "가슴 환한 두근거림", "로즈 버드", 저 "집어등".

귀

문인수

엉뚱한 시간에 잠이 깨어 살그머니 거실로 빠져나왔다.
까치발을 들고 조심조심했으나 방문 여는 기척에 아무래도 약간 건들린 것인지
아내의 잠결이 두어 겹 멈칫, 멈칫, 주름 잡혔다. 다시
고르게 코를 골 때까지 기다린 그 몇 각刻,

"……미안하다, 미안하다." 내가 내 마음에 담아 씹는 말 내가 듣는,

죽음에 달린 어느 날의 새벽이 또한 잠시
저 산,
방올음산* 꼭대기에 걸려 새파랗게 쫑긋했으면 좋겠다.

*나의 고향 경상북도 성주군 초전면의 북단에 시퍼렇게 솟은 산.

인간은 영혼의 존재이다. 그렇기 때문에 존재할 가치가 있다. 인간은 영혼으로 말미암아 규정지어지는 존재이다. 훌륭하고 위대한 사람들이 영혼의 삶을 살았다는 것만 보아도 영혼의 존재와 가치는 명백해 진다. 또한 이들의 영적교류는 아름답다.

영혼을 느끼기 위하여, 영혼을 불러내기 위하여, 영혼과 대화하기 위하여 우리는 귀를 사용한다. 다른 감각은 모두 잠궈 놓고 귀만 열어 놓는다. 귀는 영혼의 감각기관이다. 참선을 하든 명상을 하든 귀만 열어놓고 갖가지 주파수를 탐지할 수 있는 고감도 안테나 하나 세워 놓는다.

대장내시경 검사를 받는 사람은 자기 자신의 장 속을 빤히 들여다 보면서 검사를 받을 수 있다. 자기 몸 속 장 속에서 일어나고 있는 모든 변화와 움직임을 볼 수 있다. 마찬가지로 현대의학에서는 다른 장기의 변화와 움직임도 모두 관찰할 수 있다. 이는 모두 장족의 발전을 거듭해 온 의학의 발달 덕분이다. 하지만 영혼을 볼 수 있는 방법은 없다. 인간이 인간일 수 있는 불가사의의 핵. 그것의 수용체와 감각기관은 어떤 의학과 과학의 발달도 결코 흉내낼 수 없는 부분이다. “내가 내 마음에 담아 씹는 말 내가 듣는”다는 것은 영혼과의 대화로 나아가는 과정이리라. 영혼과의 대화에서는 죽음을 볼 수도 있으며 죽음을 달관할 수도 있다. 죽음과 삶의 경계를 허물 수도 있다. “죽음에 달린 어느 날의 새벽이” 오히려 “새파랗게 쫑긋”하기를 바라는 시인의 마음은 죽음에 대한 긍정적이고도 초연한 태도를 보여주고 있다고 생각된다. 최첨단 과학이 인류의 모든 것을 지배한다 할지라도 "새파랗게 쫑긋"한 귀만은 대신할 수 없을 것이다.

봄이 오면 나는 보라색 연필을 사러 간다

이기철

낯선 곳으로 편지를 쓰기 위해
봄이 오면 나는 보라색 연필을 사러 간다
내가 쓰는 편지는 아무 곳에도 도착하지 않을 것임을 나는 안다

그러면서도 나는 대문을 나와 골목을 지나 아무 데도 없을 상점으로
보라색 연필을 사러 간다
봄이 펴놓은 색지가 걸어가는 내 발을 보랏빛으로 물들인다

작년에 신던 나무의 신발이 작아 보인다
농구선수같이 물씬 커버린 나무에게 더 큰 신발을 사주어야 한다

아침이 지나고 저녁이 와도

나는 보라색 연필을 사지 못할 것임을 안다
연필을 사는데 일생이 걸릴 것임을 나는 잘 안다

땅 속에 묻힌 씨앗들에게 너희에게도 영혼이 있느냐 물으며
아직도 찾아가지 않은 세상의 약속들을 위해
설령 상점이 없다 해도
그 곁에서 나는 보랏빛 꿈을 꾸는 것으로 족할 것이다

내 쓰는 편지가 끝내 봄에게 부치는 편지였음을
마지막 구절엔 일생이라는 끝말을 써넣어야 함을
나는 미리부터 안다

꿈을 꾸는 것만이 꿈을 가꾸는 시간이라는 믿음에 밑줄 긋기 위해
기다림이 생을 끌고 가는 힘이라는 데 방점 치기 위해
나는 봄이 오면 보라색 연필을 사러 간다

우리는 꿈을 꾼다. 뻔히 이루지 못할 것인 줄 알면서도. 꿈을 꾸고 또 꾼다. 꿈은 존재가치의 증명이고 삶의 방식이다. 꿈이 있기 때문에 삶이 존재한다. 만물이 기지개를 켜는 봄이 오면 꿈도 함께 돋아난다.

꿈이 기껏해야 제 키만큼 자라겠지만 하늘을 향하여 팔을 뻗친다. "내가 쓰는 편지"가 "아무 곳에도 도착하지 않을 것임을" 알면서도, 미지의 세계, 꿈의 세계로 편지를 쓰기 위해 "봄이 오면" "보라색 연필을 사러 간다." "아무 데도 없을 상점으로".

보라색은 신비함, 우아함, 아름다움, 고상함, 화려함, 풍부함을 상징하는 색깔이다. 허영과 슬픔과 불행을 간직한 색깔이기도 하다. 신과 인간의 소통을 가져오는 신성함을 나타내기도 한다. 그래서 시인은 일생 이루지도 못할 꿈을 "보랏빛 꿈"으로 표현했을 것이다. "아직도 찾아가지 않은 세상의 약속"이란 무엇일까. 아마도 "보랏빛 꿈"으로 상징되는 "영혼"일 것이다. 시인은 알고 있다. "아침이 지나고 저녁이 와도" "보라색 연필을 사지 못할 것임을". 그는 잘 알고 있다. "연필을 사는데 일생이 걸릴 것임을". 그러나 일생이 걸리더라도 이루어질 수 있는 꿈이 있다면 얼마나 가슴 벅차고 행복한 일이겠는가. 더욱이 그는 "설령 상점이 없다 해도" 그 곁에서 "보랏빛 꿈을 꾸는 것으로 족"하다고 노래한다. 이루지 못할지라도 꿈은 그 자체로 위대하다. 봄은 생명이 움트는 계절이고 희망이 솟아나는 특별한 시간이다. 희망은 꿈이고 기다림이다. 삶의 목적이고 의미이다. "꿈을 꾸는 것만이 꿈을 가꾸는 시간"이고 "기다림"은 "생을 끌고 가는 힘"이다. 시인이여, "보라색 연필"을 사러 갈 때 나도 데려가 주지 않을래요? 생존을 넘어서 삶으로 향하는 길, 꿈의 길, 기다림의 길, 보랏빛 비포장 오솔길로.

시계의 잠

정호승

누구나 잃어버린 시계 하나쯤 지니고 있을 것이다
누구나 잃어버린 시계를 우연히 다시 찾아
잠든 시계의 잠을 깨울까봐 조용히 밤의 TV를 끈 적이 있을 것이다
시계의 잠속에 그렁그렁 눈물이 고여 있는 것을 보고
그 눈물 속에 당신의 고단한 잠을 적셔본 적이 있을 것이다

그동안 나의 시계는 눈 덮인 지구 끝 먼 산맥에서부터 걸어왔다
폭설이 내린 보리밭 길과
외등이 깨어진 어두운 골목을 끝없이 지나
술 취한 시인이 방뇨를 하던 인사동 골목길을 사랑하고 돌아왔다

오늘 내 시계의 잠 속에는
아파트 현관 복도에 툭 떨어지는 조간신문 소리가 침묵처럼 들린다

오늘 아침에도 나는 너의 폭탄테러에 죽었다가 살아났다
서울역 지하도에서 플라스틱 물병을 베고 잠든
노숙자의 잠도 다시 죽었다가 살아나고

내 시계의 잠 속에는 오늘
폭설이 내리는 불국사 새벽종 소리가 들린다
포탈라 궁에서 총에 맞아 쓰러진 젊은 라마승의 선혈 소리가 들린다
판문점 돌아오지 않는 다리 위를
부지런히 손을 잡고 걸어가는 젊은 애인들이 보인다

스스로 빛나는 눈부신 아침햇살처럼
내 가슴을 다정히 쓰다듬어주는 실패의 손길들처럼

당신은 당신 역사의 어느 곳엔가 상실과 절망의 상처를 기록해 놓은 것이 있는가. 그렇다면 그것은 무엇인가. 그것은 바로 어제의 일처럼 생생한 영화의 한 장면같이 또렷하게 남아 있을 수도 있고, 가물가물 멀어져 가는 희미한 추억일 수도 있다. 또는 기억의 지층 속으로 묻혀져 아예 의식의 표층으로 드러나지 않는 것도 있다. 그것의

양태에 대해서는 각 개인과 상황에 따라 다르겠지만 본질적으로 아픔과 상실은 소통의 부재와 정체성의 혼돈에서 온다. 부모님과의 소통의 부재, 형제들과의 대화의 단절, 친구들 또는 직장동료나 상사들과의 소통단절 등등. 소통의 부재가 가져오는 "시계의 잠", 그 속에 "그렁그렁 눈물이 고여 있는 것"은 존재감의 상실로 인해 허무와 허탈의 그물에 걸려 있기 때문이다. 이는 우울증과 죽음을 향해 질주하는 잿빛 물길이 아니라면 "폭설이 내린 보리밭 길"을 지나 "외등이 깨어진 어두운 골목을 끝없이 지나" "눈덮인 지구 끝 먼 산맥"을 향한 정처없는 방황길이 될 것이다. 목적의식을 가진 성지순례와도 같은 여행길이 아니라면 그것은 초점 흐린 눈동자의 하염없는 방황일 따름일 터이다. 현실은 냉정하고 차갑게 흐른다. 당신의 방황과 방랑을 전혀 개의치 않는다. 오늘도 "아파트 현관 복도"에는 "폭탄테러"의 비극과 "노숙자의 잠"이 실린 "조간신문"이 어김없이 무겁게 "툭 떨어"진다. 당신의 의지나 희망과는 상관없이 아픈 현실은 계속되고 비극은 되살아 난다. "포탈라 궁에서 총에 맞아 쓰러진 젊은 라마승의 선혈 소리"가 들려 오는 것이다. 그렇지만 "시계의 잠" 속에 "눈부신 아침햇살"이 희망처럼 떠오르고 "잃어버린 시계"속에는 당신의 "가슴을 다정히 쓰다듬어주는 실패의 손길들"의 위무도 있으니 그나마 다행스런 일이 아닌가.

소통

정일근

고층제국의 영토는 이백십팔점구사 제곱미터 제국마다 황제가 있고 제국마다 비밀번호가 다르듯 언어 또한 다르기에 제국과 제국은 인간 종족의 가벼운 세치 혀로 소통하지 않는다 그렇다고 제국과 제국의 국경이 콘크리트와 대리석으로 단절된 것은 아니다 3801국 황제와 3901국 황제는 세칭 양변기란 자유언어지역에 앉아 소통을 한다 상층 제국 황제는 용쓰는 상습변비의 막힌 언어로 하층 제국 황제는 요란한 만성설사의 열린 언어로 정상회담을 한다 제국을 오르내리는 초고속 엘리베이터 안에서 정장을 한 근엄한 황제는 외교관례대로 생면부지인 듯 서로 등 돌리고 서 있지만 저들끼리 반가워 인사를 나누는

끙끙 막힌 항문
좔좔 열린 항문

변이 시원하게 나오지 않는 상태 즉 변비는 여러가지 원인이 있지만 대별하여 기질적 변비와 기능성 변비로 나눌 수 있다. 기질적 변비는 변이 통과하는 대장에 암이나 염증 등의 병변이 생겨서 변이 막히는 경우이고 기능성 변비란 그러한 기질적 병변이 없이 단지 기능이상으로 인한 배변장애를 가리킨다. 이중 현대의학의 가장 큰 관심사는 암이라고 할 수 있다. 대장암은 근래에 식생활의 변화로 인하여 급격히 증가하고 있어 사회적인 문제로 대두되고 있는 실정이다. 변통의 막힘, 소통의 차단은 건강을 해치는 것이고 사회를 병들게 한다. 현대사회는 "상습변비의 막힌 언어"로 멍들어 가고 있다. 아주 가까운 이웃도 "생면부지인 듯 서로 등 돌리고" 지낸다. 소통의 부재는 대학에서도 예외는 아니다. 서울학생과 지방학생이 나뉘어져 있으며, 강남출신과 강북출신이 분리되어 있고, 유학파와 국내파가 각각 따로따로이다. 그들은 "비밀번호가 다르듯 언어 또한 다르기에" "가벼운 세치 혀로 소통하지 않는다". 형편이 어려운 학생은 수업이 끝나자마자 알바하러가기 바쁘고 부모의 혜택을 잘 받고 있는 학생들은 학원이나 스포츠시설 또는 문화활동에 시간을 투자한다. 그러다보니 서로 소통하고 대화할 수 있는 기회가 없다. 소통의 기회가 줄어듬에 따라 상호이해의 폭도 줄어들고 각기 삶의 영역이 편향되어 가는 악순환의 고리를 만들게 된다. 건강한 사회란 소통이 잘 되는 사회이다. 그렇지만 개인적인 또는 사회적인 이유로 소통부재의 간격이 커지고 있음을 본다. 이것은 치료가 필요한 병이다. “세칭 양변기란 자유언어지역에 앉아 소통을 한다”는 것은 소통의 부재를 강조하는 지독한 역설적인 표현이라 할 수 있다. 소통의 장소인 입의 가장 먼 곳으로만 소통을 한다고 하는 독설, “꽁꽁 막힌 항문” “콸콸 열린 항문”.

눈, 눈, 눈

이태수

눈길을 나서다가 눈부셔 눈 감고 멈춰 서네

눈을 감아도 눈부신 눈은
내 마음 깊은 골짜기에도 자욱이 쌓여
눈뜰 수 없고, 눈을 뜰 수도 없네

눈 감고 눈떠보려고 헤맸으나
밤이 가고 날이 밝아도 캄캄하기는 매한가지,
눈떠보려는 안간힘으로 눈을 감고 있었으나
눈부신 눈이 펑펑 쏟아져 내려
어지러운 세상 눈부시게 덮고 있길래,
이내 햇살 눈부시게 쏟아져 내리길래,
눈 뜨고 눈길을 나서보려 했는데

눈 감을 수밖에 없는 이 눈부심, 이 캄캄함,
눈을 감아도 떠도 눈뜰 수가 없어
무거워지는 마음 자꾸만 뒤집어보지만
내 눈도, 쌓인 눈도, 내 마음의 눈도
어질어질 무겁고 캄캄해질 뿐인 이 한때

눈길을 나서다 멈춰 서서
눈을 감고도, 애써 눈 뜨고도 여전히

눈뜨지 못하는 이 질기고 질긴 무명無明이여

눈부시되 캄캄하고 아득한 이 세상길이여

* '눈 뜨다'는 '눈 감다'의 반대말이며, '눈 뜨다'는 '사물의 이치나 참뜻을 깨달아 알게 되다'라는 말.

'거짓'의 농도가 진해 지고 세상은 더욱 어두워져 간다. 눈을 감아도 눈을 떠도 보이는 것은 없다. 그저 캄캄하기는 매한가지다. 거짓의 DNA를 물려받은 어둠의 자식들이 활보하고 있는 세상이다. 유언비어, 괴담, 부정주의, 불신, 혼돈의 황사 속에서 우리의 판단능력은 마비되어 가고 무기력한 발걸음만 애처롭게 젖어간다.

요즈음 여러 신문이나 언론매체에서 거짓과 사기에 관한 기사가 많이 눈에 띈다. 모두들 우리의 마음을 아프게 하고 안타깝게 하는 것들이다. 최근 커다란 국가적 사건이었던 천안함 침몰사건에 관한 것만 보더라도 거짓이 활보하고 있음을 본다. 조작보고, 은폐보고, 허위보고, 왜곡보고 등 감히 상상할 수도 없는 섬찟한 거짓보고 투성이었다. 어떻게 이런 일이 있을 수 있을까. 나는 애써 인간의 성선설을 믿고 싶어하는 쪽이다. 하지만 요사이의 여러 상황을 살펴보게 되면 그런 믿음에 매우 회의적인 생각이 강하게 파고 들고 있음을 느낀다. 임진왜란 때에도 성균관 사성 남이신의 허위보고로 이순신 장군이 옥에 갇히게 되고 이를 노린 왜군에 의해 조선수군이 거의 전멸하게 되는 비극에 빠지게 되었다고 한다. 거짓과 허위보고에 의한 국가적 손실과 마음의 상처는 의외로 엄청나게 크다고 할 수 있다. 사실 지금도 나는 '정직'을 인생의 중요한 덕목 중의 하나로 여기고 있다. 하지만 이러한 믿음이 자꾸 흔들리고 암울하게 꺼져가는 느낌을 받는 것은 어째서일까. "밤이 가고 날이 밝아도 캄캄하기는 매한가지"이다. 진실의 왜곡과 부정주의가 활보하고 있는 이 세상에서 보이는 것은 아무 것도 없다. 많은 지식인들조차 확실한 답을 주는 것을 꺼리고 있다. 가끔 무책임한 일성을 던지고 말 따름이다. "눈 감을 수 밖에 없는 이 눈부심, 이 캄캄함" 속에서 허공을 밟고 가는 듯한 느낌을 지울 수 없다. “눈부시되 캄캄하고 아득한 이 세상길이여”.

상카샤

차창룡

우리의 사랑은 신화입니다.
마치 사실이 아닌 것 같지요.
사실인 것 같은 사실이라면
그것은 사랑이 아닙니다.
신화 같은 사실이
사랑입니다.
우리의 사랑은 신화입니다.

당신이 훌쩍 떠나실 때,
우리는 당신을
다시는 못 보는 줄 알았습니다.
당신이 어느 곳으로 가신지 몰랐을 때,
우리를 정녕 잊으신 줄 알았습니다.

그러나 당신은 새로운 땅에서
새로운 우리를 만나고 계셨습니다.
새로운 사랑은 새로운 신화를 만듭니다.
우리의 사랑은 신화입니다.

어느 종교를 막론하고 철학적이고 관념적인 치장이 없는 것은 없다. 기독교도 불교도 마찬가지이다. 불교에서도 석존의 초자연적인 능력이나 현상에 대한 이야기는 존재한다. 석존이 이 세상을 잠시 떠나 다른 세계로 들어가 설법을 하면서 90일을 보냈는데 이 일을 마치고 다시 이 세상으로 돌아온다. 이때 세상으로 내려온 장소가 바로 상카샤였다고 한다. 지금은 불상이 모셔진 작은 신전이 있는 초라한 곳이지만 끊임없이 불교예술가들의 관심거리가 되고 있다. 석존이 잠시 올라간 다른 세계는 마치 성서의 요한계시록에 나오는 "새 하늘과 새 땅"을 연상케 한다. "새로운 땅에서/ 새로운 우리를 만나고" 계시는 "당신은" 석존일 수도 있고 예수 그리스도일 수도 있다. 아무려면 어떤가. "새로운 사랑은 새로운 신화를" 만들고 있는데. 거듭난 삶의 "새로운 우리"가 보는 세상은 "새로운 땅"이요 새로운 하늘이다. 새로운 세상에서의 만남은 "새로운 사랑"을 만들고 "새로운 신화"를 창조한다. 그래서 시인은 새롭게 태어나지 못한 사랑을 "사실인 것 같은 사실"이라고 하며 "사실이 아닌 것" 같이 느껴지는 "신화 같은 사실"이 진정한 사랑이라고 노래한다. 그렇다. 우리가 바라보는 모든 것은 "사실인 것 같은" 허상일지 모른다. 우리가 믿고 있는 "사실"은 기실 사실이 아닐지도 모른다. 우리는 새 하늘과 새 땅을 결코 바라보지 못하는, 우화의 껍질을 벗지 못한, 살찐 벌레에 불과할지 모른다. 이제 "새로운 사랑"과 "새로운 신화"를 만들기 위해 시인은 당신이 떠났던 것처럼 훌쩍 "새로운 땅"을 향하여 떠났다.

적멸寂滅

김신영

돌이켜보면,
나를 흔들어 대던 바람은
한밤의 먼지에 불과했습니다.
멀리서 손사래를 치며
우리를 맞이하던 몸짓은
태양 같은 강렬로 내 가슴을 후벼 내었지만
그도 불볕에 사라지는 물기에 불과했습니다.
잊고자 누워 있던 바위에서 싹이 틉니다.
삶을 끊고자 버린 불모지에도 번뇌가 싹이 틉니다
내내 한 생각도 하지 않고자
오래 걸어온 길에
진을 친 거미줄이
아침마다 눈앞을 가립니다

떨쳐내고자 하여,
한 생각도 일어남이 없이
지극에 이를 수 있다던
경전의 말씀은 모든 것이
헛되다고 노래한 궁휼로 남았습니다
우리는 다시 만날 수 없습니다
청천 같은 당신의 말씀은 하늘이
북새가 될 때에야 자취를 드러내었습니다.
덧없이 한 사람이 떠나고 나자
바람이 몹시 불었던 게지요
적멸에 들고자 하였던
멀리 가지 못한 한 생각도
큰 바위 끝에 오롯이 남았습니다

여러분은 가끔 이유없이 부끄러워지는 마음으로 어디론가 숨고 싶은 충동을 느낀 적이 있는가. 나는 가끔 그런 때가 있다. 확실하게 명료한 장면으로 재생이 되진 않지만 흐릿하게나마 떠오르는 과거의 한 장면은 정말 자신을 부끄럽고 당황스럽게 한다. 지금 와서 생각해 보면 그 하찮은 것에 연연하고 마음 졸이고 애태웠던 일이 무척이나 어리석었다는 걸 깨닫게 된다. 그러면서도 또 그 굴레를 벗어나지 못하는 것 같은 당혹감에 깜짝깜짝 놀라기도 한다. 정말 하찮은 것에 얽매여 살고 있는 것 같은 존재, 사소한 것에 마음 빼앗기고 일희일비하는 깃털 같은 존재, 그 존재가치에 대하여 씁쓸한 회한이 드는 것은 어찌할 수 없다. 정말 "나를 흔들어 대던 바람"이 "한 밤의 먼지에 불과"했고 "불볕에 사라지는 물기에 불과"했음을. 그러나 그럭저럭 시간은 흘러가고 세월은 어느 사이에 나를 전혀 새로운 세상으로 끌어 오고 말았다. 어느 정도는 자의에 의해서 상당 부분은 소위 선의의 타의에 의해서. 새로운 세상, 반드시 우리가 원했던 꿈의 세상이라고는 볼 수 없는, 아니 전혀 다른 이율배반적인 세상일 수도 있는, 매우 비현실적인 세상, 고향을 떠나 방황하고 있는 율리시스의 삶일 수도 있다. 그는 모든 달콤한 삶과 영생의 유혹을 뿌리치고 생명을 위협하는 지난의 길을 거쳐서라도 자기 고향으로 가고자 하였다. 생전에 돌아가리라는 확고한 보장이 있는 것도 아닌데도 말이다. 그것은 단순한 귀향본능만은 아닐 것이다. 잃어버렸던 것을 되찾고자 함이고 풀지 못한 생의 매듭을 해결하고자 하는 의지가 있었을 터이다. "삶을 끊고자 버린 불모지에도 번뇌의 싹이" 트는 이때에 우리도 잃어버린 자신을 찾고자 역시 귀향의 길에 오르고자 한다. 그러나 그것도 아직 생각일 뿐, "적멸에 들고자 하였던/ 멀리 가지 못한 한 생각"이 "태양 같은 강렬로 내 가슴을 후벼 내었지만" "큰 바위 끝에 오롯이" 남아 세상바람만 맞고 있을 따름이다.

음악

홍신선

군포에서 의왕 구간 전철 안에서
소리 짓씹히는 기아바이 행상꾼 녹음기 릴테이프에서
그가 덜컥덜컥 튀어나온다
그의 값없는 음악

삶치고 허랑한 행상꾼들 아닌 자 있으랴

고3 시절 진학 포기하고 밴드부에 혼자 남아
중고짜리 트럼펫만 자랑스럽게 불던
지방 방송국 경음악단 한 구석을
늙어서도 끝끝내 지켰던
그

내 마음 시골학교
야트막한 담장 밖에는
올해도 어김없이
증기 배출하는 압력밥솥처럼 몸피 큰 나무 속에 오래 들끓던
덜 퍼진 밥알마냥 수천수만 꽃알들
확확 터져 나왔는가 몰라

흘러간 옛 노래를 들으면 "그가 덜컥덜컥 튀어나온다". 환한 웃음을 머금고 다정하게 내 이름을 부르며. 노래가 좋아서 노래에 인생을 바친 친구, 그가 보낸 긴 시간에 비추어 보면 이렇다 할 빛을 보지 못한 아까운 친구이다. 학생시절 음악시간이었으리라. 그 당시에는 음악시간에 노래 실기시험을 자주 보곤 하였다. 그런데 우연히도 실기시험에서 좋은 성적을 받았고 음악선생님한테서 재능이 있다는 칭찬을 받게 되었다. 인생의 길이 바뀌어지는 순간이었다. 그때부터 그는 기타를 배우기 시작했고 노래에 열중하였다. 그런데 왜 음악대학을 가지 않았을까 하는 의문이 생겼지만 아직껏 물어보진 않았다. "고3 시절 진학 포기하고" 음악실에 "혼자 남아" 아쉬움과 좌절의 노래를 불렀는지도 모른다. 아무튼 그의 일생은 그렇게 뻗어 갔다. 그렇다고 이름만 대면 누구나 알 수 있는 그런 유명가수가 된 것도 아

니었다. "그의 값없는 음악"은 무명가수의 운명을 따라 그저 그렇게 흘러온 것 같았다.

고등학교를 졸업하고 먼 훗날 외과전문의 시험을 통과하던 해 나는 전주 고속버스터미널에서 우연히 그를 만났다. 그는 기타를 메고 있었고 모 TV 방송국의 출연약속이 있어서 내려오는 길이라고 했다. 오래간만의 반가운 해후였지만 시간관계상 곧 헤어져야 했다. 나는 서울로 올라가려던 참이었다. 그런 이후 나는 서울로 이사를 하였고 우리는 서울에서 다시 만나게 되었다. 이렇게 무명가수와의 인연은 시작되었다. 그와 만나 이야기하는 동안, 틈만 나면 음악실을 드나들던 나의 주위에 흩어져 있던 낡은 악보들에서 "덜 퍼진 밥알마냥 수천수만 꽃알들"이 "확확 터져 나왔"다. 그의 꿈은 소박하면서도 활기찬 노래의 삶이었다. 그는 틈나는 대로 아니, 일부러 짬을 내어 소외된 삶을 찾아다니며 노래를 했다. "그의 값없는 음악"은 영혼이 고단한 사람을 향해 꽃피우는 가치 있고 고귀한 "큰 나무"가 된 것이다.

가족회의

김백겸

아들아 너는 가족회식에서 소고기와 콜라를 들며 흰 이빨을 드러내 웃는다
고기는 네 살이 되고 콜라는 네 피가 되느냐
아프리카 아이들이 뼈만 남은 눈으로 카메라를 쳐다보는 눈이 생각난다
인간은 왜 먹어야 하는가
먹이사슬의 마지막 끝에 있는 죽음의 식욕은 왜 보이지 않는가

딸아 너는 아침과 저녁 사이 태양 아래 장미 같은 청춘의 기쁨을 누린다
춤은 네 심장을 뛰게 하고 노래는 푸른 강물처럼 네 몸을 흘러가느냐
전쟁에서 남편을 잃은 과부가 바다보다 깊은 침묵을 보여주던 입

이 보인다

인간은 왜 노래하고 춤추어야 하는가

무덤에서 깊은 잠을 자기 전 인간의 자유의지와 삶의 기념비를 위해서인가

나는 서재에서 천문학을 들여다보다가 컴퓨터를 켜 몇 개의 아이디어를 시로 적는다

불씨가 된 기호들이 숯처럼 벌겋게 달아오르는 생각의 화로가 꽃밭처럼 펼쳐진다

세계의 어둠으로 창이 나고 시공간을 구부린 중력장의 미로가 다가온다

내 정신은 밤하늘의 별자리와 암흑물질이 차있는 세계 풍경을 들여다본다

인간은 왜 책을 쓰는가

후세인이 분서갱유로 지식을 경멸할지라도 자아를 화석처럼 남기고 싶어서인가

우리는 시간의 바다에서 지구라는 배를 탄 동물과 식물들 그리고 인간가족들이다

지구 안에 문명의 탑을 세우고 카 레이서처럼 진보의 속도에 미

쳐있지만

인간은 결국 육체의 문을 열고 나가 다른 세상에 두려운 발길을 내려야 한다

원함과 영원하지 않은 순간들이 보석과 자갈처럼 섞여있는 강가를 지나

태초의 어둠이 넥타처럼 흘러오는 고향을 향해 걸어가야 한다

지금 이 자리가 그 자리임을 알기 위해 우리가 무엇을 해야 하겠느냐

친구를 살해하고 시신을 한강에 버린 10대들, 이런 끔찍하고 엽기적인 사건의 주인공들은 도대체 어떤 존재들인가. 이들은 모두 가난한 결손가정 등의 가족해체의 비극을 겪고 있는 자녀들로 중 · 고교 중퇴나 가출자로 알려졌다. 그들은 생활비와 유흥비 마련을 위해 범죄를 저지르게 되었는데 그 배경에는 또한 잔인한 폭력과 엽기적인 살인이 난무하는 영상물과 인터넷 게임의 영향이 크게 작용한 것으로 보고 있다. 청소년에게 끼치는 나쁜 영향을 애써 무시해 가면서 상업적 목적에만 몰두하는 기성세대의 무책임한 행태도 심각하다 할 것이다. 다시금 가족의 의미를 생각하게 한다. 단순히 피를 나누고 같은 장소에서 숙식하는 사람의 의미를 너머 진정한 의미의 존재

가치를 깨닫게 해주고 나아가서는 사회의 일원으로서의 자아정립과 거기에 걸맞는 책무를 깨닫게 해주는 최소한의 사회공동체, 그 존재의 의미를 어떻게 말로 형용할 수 있을까. 그것은 더 이상 분리할 수 없는, 나눌 수 없는 인간 근본의 단위가 아닌가.

"가족회의", 왠지 무게감을 느끼게 하는 말이다. 현대는 가족간의 소통 특히 자식과의 소통이 매우 어려운 시대라고 할 수 있다. 가족은 복잡한 사회상을 직접적으로 반영하고 있는 현대사회의 거울인 셈이다. 화자의 마음이 무척 진지하고 무거워 보인다. "인간은 결국 육체의 문을 열고 나가 다른 세상에 두려운 발길을 내려야 한다"고 설파하는 화자는 아들과 딸을 보며 "인간은 왜 먹어야 하는가", "인간은 왜 노래하고 춤추어야 하는가"라는 원론적인 사고에 잠긴다. 어둡고 암울한 현대사회에서 "시공간을 구부린 중력장의 미로"가 유령처럼 다가오고 시인은 "암흑물질이 차있는 세계 풍경을 들여다 본다". 인간의, 생명있는 모든 존재의 영원한 안식처인 "고향을 향해 걸어가"는 우리는 "지금 이 자리가 그 자리임을 알기 위해" "무엇을 해야"할까, 어떻게 해야 할까. 오늘도 풀리지 않는 실마리 하나 잡고 늘어진다.

담을 헐다

조영심

담을 헐기 시작했다 담들이 낮아지고 있다
내 것임을 완고하게 주장해왔던 담
온몸에 철조망을 두르고
정수리에 유리조각까지 박았던 담장
물고 물린 땅 때문에
먼 핏줄보다 낫다던 이웃과 담을 쌓고 살았던 담벼락
도시의 담을 없애자 간격들이 허물어지자
사방이 팔방이다

이참에 나도 담*을 헐었다
담을 넘어오는 침입자에게 나를 위협할 그 무엇에게
쓴맛을 보여줄 요량으로 담아 두었던 쓰디쓴 주머니
제 속 버리는 일인 줄 모르고 남의 허물 덮을 줄 모르고

그냥 눈감아 주지 못하더니
제 잣대로만 따지다가
내 배에 구멍을 내어
담을 헐고 쓴맛을 본 날이 있었다

담이 사라져 문턱이 낮아져
와신상담* 할 일 없고
쓸데없는 담력 보일 일도 없고
끝내, 서로의 담을 허물지 못한
네가 떠났고
담도 사라져
쓴맛 볼까 곁눈질 할 일도 없겠다

*담: 쓸개膽.
*와신상담臥薪嘗膽:중국 춘추전국시대 오나라와 월나라간의 싸움에서 전해지는 고사로 가시 많은 나무에 누워 자고 쓰디쓴 곰쓸개를 핥으며 패전의 굴욕을 되새겼다는 뜻.

주위에 담낭수술을 받은 사람들이 적지 않다. '쓸개 빠진 사람들'이 많아지고 있다. 의학발전의 음덕의 하나이다. 담낭은 간 밑에 있는 소화기관의 하나로 담즙을 분비하여 소화를 돕는다. 담낭에 돌이 생기는 담석증이나 염증에 의한 담낭염 때문에 담낭을 제거하는 수술을 받는 경우가 많지만 근래에는 담낭암 때문에 수술하는 경우도 있다. 시적 화자도 담낭수술을 받은 모양이다. "구멍을 내어/ 담을 헐" 었으니 복강경 수술을 받았겠다. 이제 '쓸개 빠진 사람'이 된 화자의 마음이 오히려 넉넉해짐을 볼 수 있다. "끝내, 서로의 담을 허물지 못한/ 네가 떠났고/ 담도 사라져" "사방이 팔방"이 된 화자는 이제는 자유의 노래를 구가한다. "내 것임을 완고하게 주장해 왔던 담", "제 속 버리는 줄 모르고 남의 허물 덮을 줄 모르고" 오랫동안 성만 쌓아 왔던 그대, 그래서 얻은 게 무엇인가요.

한편, '쓸개가 없다'는 것은 얼마나 다행스러운 일인가. 요즈음처럼 복잡한 세상에서는 말이다. 살아간다는 것 자체가 스트레스이고 부딪침일진데 "온몸에 철조망을 두르고" 사는 삶이 과연 행복할 것인가. '쓸개를 내놓고 산다'는 말이 실감나는 현실이다. 죽는 게 사는 것이다. 편집증과 아집의 울타리에 갇힌 사람과의 만남은 얼마나 고통스러운가. 그런데 그 "담을 헐어" 버리는 게 그리 쉽지는 않아 보인다. 그래서 속세를 떠나는 사람도 있나 보다. "먼 핏줄보다 낫다던" '이웃 사촌'에 따뜻한 마음을 전해야 할 때이다. "쓰디쓴 주머니"를 버리고 "서로의 담을 허물" 때이다.

내 안에서 태어난 들개가 산 너머에서 울다*

장석주

계곡 위로
까마귀 떼 검다.
일순,
하늘 어둡고
그림자 떼 내리는
땅 위,
나는 내안의
願望이다.
남을 먹는 것은
비루한 짓,
나는 어슬렁거리는 비열함이다.
도마뱀 이후다.
송장을 뜯어먹는

無名蟲이다.

번뇌의

오합지졸이다.

약초의 싹을 뜯는 나비가

아니다, 나는

저 험한 준령을 홀로 넘는

가벼운 넋이다.

희디흰 뼈를 핥으며

面壁 10년,

웃는 해골과는 이별이다.

잠 못 드는

수 천 마리 개들 으르렁 으르렁

내 안에서

물어뜯고 물어뜯기며

울부짖는

저 아귀들!

*이 시의 제목은 후지와라 신야가 쓴 『티베트 방랑』의 한 소제목에서 따온 것이다.

누구를 원망하거나 증오한다는 것은 결코 바람직하지 못한 일이지만 인간이라면 누구든지 그럴 수밖에 없는 존재일 것이다. 이유가 무엇이든 그 결과가 좋게 나타나는 경우는 많지 않다. 직접적으로는 그 대상을 향한 비방과 악담으로부터 심하면 신체적인 상해까지도 초래할 수 있다. 그렇다고 해서 자기 자신이 결코 즐거워지는 것이 아니면서도 말이다. 이런 경우는 그래도 매우 적극적인 감정의 표출이라고 할 수 있다. 방법론에서 문제가 될 수는 있지만 말이다. 사실 세상살이에서는 그러지 못한 경우가 더 많지 않을까 싶다. 아마도 많은 사람들은 안으로 삭이고 그냥 넘어가는 경우가 많을 것이다. 매우 소극적인 해결 방법이리라. 이런 경우 겉보기에는 조용해 보이나 사실은 내적 갈등이 매우 심해질 수 있고 병으로 발전할 수도 있다. 냉가슴을 앓게 되고 화가 되어 안에서는 "들개"가 자라게 된다.

그러나 이 들개는 여기에서는 울지 못하는 들개이다. 즉 현실에 적응하지 못하는 자아이다. 그러니 그 "들개"는 "산 너머에서"만 울 수밖에 없다. "나는 내안의/ 원망"이고 "어슬렁거리는 비열함"이고 "송장을 뜯어 먹는/ 무명충"이다. "번뇌의/ 오합지졸이다". 얼마나 자조적인가. 좀 더 심해지면 자학증이 될 수도 있고 우울증에 빠질 수도 있다. 도대체 되는 게 없는 굴욕적인 현실에서 할 수 있는 일이라곤 그저 견디어 내는 일 뿐이다. 이미 "웃는 해골과는 이별이다". "내 안에서/ 물어뜯고 물어뜯기며/ 울부짖는" "수천마리 개들" "저 아귀들”. “약초의 싹을 뜯는 나비”는 그저 꿈일 따름인가.

기름종개
-탁류

박민흠

바람이 깃든 시월의 푸른 강가에 몸 누이듯
무고한 사연들이 강바닥에 빨래처럼 널려 있다
난 조용할 날 없는 물비늘 경계선 밑에 자리를 잡고
정수리에 안착한 눈을 뜨며 합장을 한다 강이 문을 닫고
하늘이 열릴 때면 좁은 미간을 웅크리며 조리개를 연다
하늘 위 하늘을 꿈꾸던 난 수억 년전 태어난 별빛을
그림처럼 등허리에 그려넣고 물결로 오늘을 살고 있다
쉼 없이 꼬리 흔들며 살아가는 시간의 탁류濁流 바람에
바람 잘 날 없어 맑은 물 찾다 보니 별반 갈 곳이 없다
이기적인 인간이 수직으로 곡선으로 강물을 찢는 통에
별빛을 이고 자던 몽골 사막의 모래소리라도 들어야겠다
낮은 곳으로 흐르는 거친 물결을 난 거슬러 본 적이 없다

하지만 은빛물고기에 대한 옛 이야기를 전해 들었다
눈물 나도록 살가운 그들의 빛난 여행을 꿈꿔본다
바람이 몰고 가는 빗방울이 분말처럼 수면을 두드리면
느린 물결을 점하던 세 쌍의 수염 하나 하나를 정성껏 씻고
혹여 풀린 나사가 있는지 미래의 비행체를 점검한다
평생을 모래밭에 둥지를 틀며 눈그늘로 살아온 난
만가지 색색구름 틈새를 비잡고 비상을 결심한다
새 하늘이 내려오고 구름의 눈빛들이 다가오는 날
버들치 어름치 모래무지 쉬리의 등어리를 툭 친다
맑은 물 공중으로 실어 보낸 강엔 탁류가 뒹군다

과연 순리의 삶은 가능한가, 무욕의 삶은? 결코 새로운 것도 아닌 이런 명제가 또다시 떠오르는 것은 그만큼 근본적이면서도 중요한 사안이기 때문이리라. 하기야 그 때문에 많은 철학자와 종교가가 나왔을 터이다. 인간이란 존재 자체가 가지고 있는 영원한 숙제는 아무리 해도 명쾌하게 풀리지 않는다. 그렇다면 의외로 답은 단순하다. 그냥 평범하게 상식대로 생각하며 살아가는 것이리라. "낮은 곳으로 흐르는 거친 물결을" 거스르지 않고 사는 것이다. "수억 년 전 태어난 별빛을/ 그림처럼 등허리에 그려넣고 물결로 오늘을" 사는 것이다.

어렸을 적 유난히도 시내를 좋아했던 나는 틈만 나면 시냇가로 달려가곤 하였다. 맑게 흐르는 시냇물 따라 마냥 걷기도 하고 깨끗하게 다듬어진 자갈 밭에 앉아 시냇물 소리를 감상하기도 하였다. 한여름에는 물속으로 뛰어 들어가 물장난을 하였고 심심치 않게 천렵을 하곤 하였다. 그런데 시내의 가장자리 깨끗한 모래가 깔려 있는 얕은 물밑에는 항상 재미있는 물고기가 놀고 있었다. 생김새는 미꾸라지 같은데 왠지 투명하고 깔끔하게 보이는 물고기였다. 장난삼아 잡아보기도 했지만 그들은 나의 친구들이었다. 바로 기름종개였다. 깨끗한 물에서 살며 "물비늘 경계선 밑에 자리를 잡고" "빛난 여행을 꿈꾸"는 자들이었다. 그러나 어느틈엔지 그들은 어디론가 쫓겨나고 말았다. 아니 다른 행성으로 떠나가버렸는지도 모른다. "평생을 모래밭에 둥지를 틀며 눈그늘로 살아온" 그들이 떠난 강에 지금은 "탁류가 뒹"굴고 있을 따름이다.

사창

김명인

앉은 자리가 희부옇게 지워질 때까지
하루 종일 바다만 바라보던 소년이 있었다
사창紗窓에 일렁이는 빛살처럼 석양
은은하게 번져들자 소년은
파도소리를 등지고 그 바다를 떠났다
세월이 흘렀다, 그가 비운 자리는
불멸의 파도가 와서 씻었겠지만
늙지 않는 파도야 소년을 기억하고 부서졌겠는가
소년은 파도 없는 거리를 떠돌았다, 나이가 들수록
가슴에 철썩거리던 수많은 포말들 가라앉고
마침내 추억조차 희미해졌을 때
떠나온 자리까지 밀고 가는 바람에 떠밀려
다시 그 바다 앞에 섰다

예전의 수평선은 그대로였다, 소년의 심중에는
겪어낸 것들의 안부 따윈 없었다, 아무 것도
적어놓지 않았는데 필생을 다한 기록인 듯
모래 위에 주름들 접히고
조석이 제 슬픔을 펼쳤다 다시 덮었다
새겨놓은 것 영원이라도
사창에 어른거리는 물그림자 같았다

30여년만의 만남이었을까. 만감이 교차하는 순간이었네. 그리고 아직도 설레는 가슴을 감싸안고 서성거리던 발걸음이었을까. 나는 벌써 까마득한 옛날이 되어버린 소년으로 돌아가고 있었네. 불가능하다고만 여기던 시간의 역주행을 나는 실현시키고 있었어. 3차원의 현실에서는 이미 사라지고 없는 과거로, 오래된 고궁을 타박타박 걸어 들어가듯이 진지한 고고학자처럼 떨리는 발걸음을 옮기고 있었네. 어느덧 "앉은 자리가 희부옇게 지워질 때까지/ 하루 종일 바다만 바라보던 소년이" 되어 있었네. 그 떨림의 순간은 오고야 말았다네. 필연의 운명처럼 밀려온 파도에 그의 영혼을 밀어 넣었어. "늙지 않는 파도"는 예전처럼 소년의 영혼을 감싸고 춤을 추었지. "가슴에 철썩거리던 수많은 포말들 가라앉고" 멀리 수평선이 다가왔네. 전혀 변한 것이 없는 "예전의 수평선"이었어. 파도 위에서 출렁거리던 소년은 마냥 행복했지. 다시 돌아온 바다에서 소년은 거기를 떠난 후론 느낄 수 없었던 최고의 행복감을 느꼈네. 삶의 타성에서 기계처럼 지나가던 오랜 세월의 "주름들"이 펼쳐지고 "불멸의 파도"는 수많은 사연들이 기록되어 있는 모래사장을 부드럽게 쓰다듬으며 지나갔네. "필생을 다한 기록인 듯/ 모래 위에 주름들 접히고/ 조석이 제 슬픔을 펼쳤다 다시 덮었"네. "새겨놓은 것 영원이라도/ 사창에 어른거리는 물그림자 같았"네.

꽃이 피어나는 구름

김경수

사창에 어른거리는 물그림자 같았다

구름이 자라면 물고기가 될까.

그러면 하늘에도 물고기가 유영遊泳하고 비가 오면 간혹 땅으로

파닥이는 물고기가 떨어질까.

구름 위를 나는 비행기의 작은 창문을 통해 구름 속에 숨은 물고기를 찾는다.

구름이 자라면 아침에는 꽃잎을 활짝 여는 연꽃이 될까.

흙탕물 속에서도 깨끗하고 각진 음音이 되어 미소를 짓는 신비로움이

따뜻한 이야기가 되고

풀잎 위에 투명한 진주 같은 이슬을 만드는 표면장력이

이 세상을 아름답게 빛나게 한다.

이슬 속에 내가 있고 내 가슴 속에 이슬이 산다.

구름이 목적지가 없이 흐른다.
비행기가 구름을 끌고 하늘 그 푸른 피부에 길게 선을 긋는다.
구름 속에서 길을 잃는다.
구름을 계속 헤치고 나아가면 천년 왕국에 이르는 문을 찾을 수 있을까
구름 속에서 잃어버린 길을 찾아 헤맨다.
하늘에서 내려다보면 붉은 철쭉나무꽃들이 지상을 장식하기 위해
무리를 지어 꼬리에 꼬리를 물고 물고기처럼 파닥이고 있고
아파트 단지 안의 분수 속에서는
해를 등진 채 등을 구부리고 무지개가 태어난다.
구름의 폐활량을 늘이면 아코디언이 될까.
폐활량을 늘였다 줄였다 하며 자기 스스로 가요를 연주하면서
지상으로 신나는 음音을 금화처럼 떨어뜨리며
하얀 모자를 쓰고 하얀 신발을 신고 지상으로 내려올까.
수제비처럼 뜯겨져 나와 하늘에 던져진 저 작은 구름들은
흰 나비가 되어 팔랑팔랑 날아다닐까.
이 세상의 넓은 그늘을 안고 구름이 흘러간다.
구름이 저만치 사라지고 나면
이 세상에는 그 면적만큼의 웃음이 남을 수가 있을까.
구름 위에서 지상의 각종 색깔의 꽃들이 피어난다.

노란색으로 파마를 한 구름이 흘러간다.
분홍색 가슴을 드러낸 구름이 굴러간다.
파란색 지느러미를 단 구름도 헤엄쳐간다.

구름은 추억이다. 구름은 아득한 옛 이야기로부터 최근의 가슴 찡한 사연까지 그의 일기장에 꼼꼼한 학생처럼 환한 기록을 남긴다. 옛일이 그리워질 때에나 옛 친구들이 생각날 때에는 “구름 위를 나는 비행기의 작은 창문을 통해 구름 속에 숨은” 추억을 찾는다. “아침에는 꽃잎을 활짝 여는 연꽃”을 찾기도 하고 “흙탕물 속에서도 깨끗하고 각진 음이 되어 미소를 짓는 신비로움이/ 따뜻한 이야기”를 건져내기도 한다. 구름은 길이다. 구름은 요술 양탄자이다. 구름을 타고 “잃어버린 길을 찾아 헤맨다”. “구름 속에서 길을 잃”을지라도 “천년 왕국에 이르는 문”을 향하여, 그리운 추억과 사랑이 숨쉬는 세상을 향하여 유영한다. 구름은 혼돈이다. “목적지가 없이” 흐르는 “구름 속에서 길을 잃는다”. 구름 속에서 보이는 광경은 변화무쌍하다. “철쭉나무꽃들이” 보이고 “아파트 단지 안의 분수 속에서” 피어나는 “무지개가” 보이기도 한다. 구름 속에서 시인은 “아코디언”을 꿈꾸기도 한다. “자기 스스로 가요를 연주하면서/ 지상으로 신나는 음을 금화처럼 떨어뜨리며/ 하얀 모자를 쓰고 하얀 신발을 신고 지상으로 내려"오는 환상을 꿈꾸기도 한다. 생각할수록 환한 희망이 아닌가. "하늘에 던져진" "작은 구름들"이 "흰 나비가 되어 팔랑팔랑 날아다니"는 동심의 꿈, "이 세상의 넓은 그늘을 안고" 흘러가는 구름, 그 구름 위에서 "지상의 각종 색깔의 꽃들이 피어나"고, "구름이 저만치 사라지고 나면" "그 면적만큼의 웃음이 남을 수 있"는 희망, 우리들 모두의 꿈이다.

옛날 영화 제목 같은

이승하

화려한 영상매체의 시대에 나 참 무미건조하게 살고 있다네
파격을 모르고 파국을 모르고 파탄을 모르고
어제는 무사분주 오늘은 무사안일 내일은 무사태평

그 시절에는 영화 수입 업체의 직원도 시인이었다
'수영장'(La Piscine)을 '태양은 알고 있다'로 바꿀 줄 아
는 감각을(태양이 알기는 뭘 아는가!)
'여상속인'(The Heiress)을 '사랑아 나는 통곡한다'로 바
꿀 줄 아는 상상력을(신파의 극치가 사람을 울려!)
소설가도 소설의 제목을 '바람과 함께 사라지다'로 붙이거늘

나 어느새 산문의 시대에 산문 같은 시를 쓰고 있다네
운율을 잃고서 좌충우돌

압축미를 잊고서 횡성수설
때로는 주저리주저리 설명을 일삼았네

시란 결국 말을 갖고 노는 말놀음인데
나, 말을 학대하고 있었네 매질하고 있었네
먹을 것 제대로 주지도 않고 잘 달리기만 바랐던 것

'보니 앤 클라이드'를 '우리에게 내일은 없다'로
'푸치 캐시디 앤 더 선댄스 키드'를 '내일을 향해 쏴라'로
바꿔 붙이는 실력
나 이제부터라도 역설과 상징을, 아이러니와 알레고리를, 다의성과 모호성을!
말을 잘 부릴 줄 모른다면 시는 이제 그만 쓸 것!!

시란 무엇이고 시를 쓴다는 것은 무엇인가? 시를 쓴다고 하는 사람들에게는 운명처럼 붙어 다니는 어려운(?) 명제이리라. 무심코 '시'라는 것을 쓰고 있지만 어떻게 어떤 시를 써야 시다운 시가 되는지는 아직도 가닥을 잡지 못하고 있다. 여기저기에서 시에 관한 이야기를 많이 접하고는 있지만 아주 주관적이고 관념적인 내용들이 많고

시에 대해 논하는 말조차 '시적'인 경우가 많아 별 도움이 되지 않는 경우도 많다. 시에 대한 일가를 이루었으리라고 생각되는 시적 화자마저도 새삼스럽게 시에 대해서 한 다짐을 하고 있는 것 같다. "말을 잘 부릴 줄 모른다면" 더 이상 시를 쓰지 말라고. 말을 부린다는 것은 말을 아끼고 말을 사랑해야 한다는 것을 의미하는 것이리라. 시란 "말을 갖고 노는 말놀음"으로 결코 "말을 학대하"거나 "매질"해서는 안 된다는 것이다. 구체적으로 화자는 시의 기본인 "운율" "압축미"를 강조하면서 우리들의 추억 속에 남아 있는 영화 제목들을 예로 들어가며 시인들의 "무사분주" "무사안일" "무사태평"을 질책하고 있다. 영화 수입 업체의 직원의 "감각"과 "상상력"에도 못미치는 "무미건조"한 "산문 같은 시"를 쓰면서 시를 쓴다고 하는 우리 어설픈 시인들의 "횡설수설"이 부끄럽기만 할 따름이다. "이제부터라도 역설과 상징을, 아이러니와 알레고리를, 다의성과 모호성을" 잘 부리는 노력을 경주해야 할 것이다.

참 좋은 말

천양희

내 몸에서 가장 강한 것은 혀
한 잎의 혀로
참, 좋은 말을 쓴다.

미소를 한 600개나 가지고 싶다는 말
네가 웃는 것으로 세상 끝났으면 좋겠다는 말
오늘 죽을 사람처럼 사랑하라는 말

내 마음에서 가장 강한 것은 슬픔
한 줄기의 슬픔으로
참, 좋은 말의 힘이 된다

바닥이 없다면 하늘도 없다는 말

물방울 작으나 큰 그릇 채운다는 말
짧은 노래는 후렴이 없다는 말

세상에서 가장 강한 것은 말
한 송이의 말로
참, 좋은 말을 꽃피운다

세상에서 가장 먼 길은 머리에서 가슴까지 가는 길이란 말
사라지는 것들은 뒤에 여백을 남긴다는 말
옛날은 가는 것이 아니라 이렇게 자꾸 온다는 말

긴 추석연휴도 지나가고 일상이 돌아왔다. 묵은 상념을 털어버리고 새로운 일상을 맞이하게 된 많은 사람들의 마음은 그저 행복하기만 할 것이다. 그러나 그렇지 못한 영혼들도 많다. 명절 때에나 자식들과 가족들을 보고 사는 시골에 계시는 많은 부모님들이다. 그들은 자식들과 손자 손녀들이 떠들썩하게 묵다 간 빈 방들을 바라보며 심한 허탈감과 외로움에 사로잡힌다. 이런 감정이 깊어지면 우울증에 빠지는 경우도 있다. 핵가족의 삶에 익숙하지 못한 늙은 부모세대에서 더욱 그런 현상이 뚜렷하게 표출되는 것이다. 헤어지는 슬픔, 이

별의 정한은 인간의 슬픔의 중심을 가르는 커다란 흐름에 분명하다. 그 흐름에 휩쓸려 떠내려가는 연약함은 또하나의 더 큰 슬픔이 된다. 그렇지만 그 슬픔이 사람을 단련시키는 뜨거운 화덕이 되기도 한다. 그곳을 거쳐 나온 많은 위인과 예술작품들이 있지 않은가. 그때에는 "슬픔"이 강한 추진력을 갖는 '훌륭한' 삶의 원동력이 된다. 이 "한 줄기의 슬픔"은 또 "좋은 말의 힘이" 되기도 한다. "슬픔"에서 빚어지는 "좋은 말"은 "세상에서 가장 강한" "말"이 되고 강한 말은 또 "뒤에 여백을 남긴다". "미소를 한 600개나 가지고 싶다는 말/ 네가 웃는 것으로 세상 끝났으면 좋겠다는 말/ 오늘 죽을 사람처럼 사랑하라는 말", "참, 좋은 말".

실종

강가람

이 사람을 찾습니다
낡은 현수막 속에
눈 밑이 검은 사내가
펄럭이고 있다
실종사건이 빈번한 요즘
보도블록이 빠져나간 자리처럼
떼꾼한 구멍을 들여다본다
한 사내의
과거로부터 혹은 기억으로부터
익숙했던 질서 속에서
이탈된 삶이
미궁 속으로 사라진 것일까
벗겨진 신발의 온기와

부장된 시간이 함께
조금씩 말라가고 있다

신화 속에 나온 신들은 때론
몸을 옷처럼 벗어놓고 먼 곳을 다녀오기도 한다지

육체를 떠난 영혼이
지구를 한 바퀴 돌아와
몸 안에 고인 썩은 물을
울꺽 울꺽 토해내는
하반신이 없는 자신을 내려다보며
빈집이 된 가슴을 만져보며
그는 생각할 것이다
오천 년 전의 미라와
망명한 구름과
죽어서도 자라나는
머리카락에 대해

문득문득 생각나는 친구가 있다. 대학시절 어느 겨울방학이었다. 대학생들이 주로 다니는 찻집에서 다른 친구와 잡담을 나누고 있었다. 뜬금없이 군복을 입고 나타난 K. 약간은 놀란 표정으로 그를 쳐다 보았다. 한 쪽 겨드랑이에 그다지 크지 않은 책을 여러 권 끼고 씩 웃으며 말을 걸어왔다. "이 책 읽어본 적 있냐?" "아니" "한 번 읽어봐라. 크리스마스 선물이다." 책을 하나 주고는 내가 잠깐 들여다 보는 사이에 바람처럼 사라졌다. 그 책은 내가 매우 애지중지하는 책의 하나가 되었다. 칼릴 지브란의 『예언자』였다. 고교시절 그와 난 꽤 친한 사이였다. 성격도 비슷한 점이 많았고 취미도 비슷해서 방과 후에 잘 어울리곤 했다. 특히 우린 클래식 음악을 좋아했다. 그가 가지고 있던 오디오는 그 당시로서는 매우 훌륭한 음악감상의 기회를 제공해 주었다. 나는 의과대학으로 그는 S대학으로 진학을 하였다. 그리고는 그렇게 홍두깨처럼 나타나더니 시원하면서도 서늘한 샘물같은 책 하나 던져 놓고는 금새 사라져 버린 것이다. 그게 그와의 마지막 만남이었다. 대학을 졸업하고 사회인이 되어서도 가끔 그가 궁금해지곤 하였지만 그에 대해 아는 사람은 아무도 없었다. 동창회 명부에서도 사라진지 오래 되었다. 나는 내 마음의 인명사전에 그를 "실종"으로 기록하였고 의문의 행방불명으로 처리를 하였다. "한 사내의/ 과거로부터 혹은 기억으로부터/ 익숙했던 질서 속에서/ 이탈된 삶이/ 미궁 속으로 사라진 것일까". "조금씩 말라가고 있"는 "부장된 시간"과 함께 그는 "오천년 전의 미라와/ 망명한 구름과/ 죽어서도 자라나는/ 머리카락에 대해" 생각하고 있을까.

부치지 못한 편지

이승희

여기는 지상에 없는 방 한 칸. 나는 여기서 봉인된 채 녹슬어가는 중이다. 하루종일 지리멸렬한 문장들이 구름처럼 떠돌다 목마름으로 내려오는 동안 내가 꿈꾸는 것은 매일 조금씩 지워지는것. 누구도 눈치 채지 못하게 나를 덜어내는 일. 이 도시가, 사회가, 친구가, 애인이, 지하실 박스 속에 담겨 몇 년째 풀지 못해 썩어가는 책들이 나를 들춰보고 조금씩 떼어먹기를, 그리하여 어느 여름날 선풍기 바람에 흔적 없이 날아가 버릴 수 있으면. 부치지 못한 편지들은 부치지 못한 대로 잠들고, 집 나가 돌아오지 못한 마음은 살아서 내 죽음을 지켜보길. 그러니 하나도 새롭지 않은 절망이여 날마다 가지치고 어서 꽃 피워 융성해 지시기를. 내가 지워진 자리, 내가 지워진 세상을 가만히 만져본다. 어느 날의 저녁처럼 따뜻하여라. 이 방엔 하지 못한 말들이 독이 되어 온 방안을 돌아다니고 불빛조차 소리없이 낡아 봉인된 편지 위에 쌓여갈 뿐인데.

절망과 희망 사이에서 하염없이 시계추처럼 왔다갔다 하는 존재, 낙관과 비관 사이에서 방황하는 존재, 인간이라는 존재, 불가사의하고 신비로운 피조물이다. 끝을 알 수 없는 높은 벽으로 나뉘어진 이상과 현실의 바다에 내팽개쳐진 그들의 운명이 수수께끼일 따름이다. 그중에서도 '나'라는 존재는 얼마나 하찮은 존재인가. 무능함에 노출될 때마다 돋을새김되는 자괴감, 정말 나는 존재하는 것인가. 절망에 빠진 자아는 자조적이 되고 결국엔 사라지고 만다. "지상에 없는 방" 구석에서 "녹슬어가"고 나는 조금씩 "지워"진다. 또 비관적인 자아는 매우 조소적이 되기 쉽다. 사회를 바라보는 시각이 매우 차갑고 시니컬해 지는 것이다. "하나도 새롭지 않은 절망이여 날마다 가지치고 어서 꽃 피워 융성해 지시기를", 이 얼마나 역설적인 시니시즘인가. 빈정대는 모습이 그려지지 않는가. 이러한 시니시즘에는 그만큼 섬뜻한 차가움이 존재한다. 심한 경우에는 사회 파괴적인 결과를 초래할 수도 있다.

하지만 시적 화자는 조용히 사라지는 매우 소극적인 자아를 그리고 있다. 약간은 자학적인 면모도 보인다. "내가 꿈꾸는 것은 매일 조금씩 지워지는 것", "누구도 눈치채지 못하게 나를 덜어내는 일", "나를 들춰보고 조금씩 떼어먹기를" 바란다. 그래도 할 말은 많은 법이려니. 하고 싶었던 말, 하지만 차마 내뱉지 못했던 말, 진실의 말임에도 입천장에 걸려 썩어버리는 말들이 얼마나 많은가. 입속에서 맴돌다 사라지는 말들이 "독이 되어 온 방을 돌아다니고 불빛조차 소리없이 낡아 봉인된 편지 위에 쌓여갈 뿐"인 것이다. "내가 지워진 자리", 여전히 "어느 날의 저녁처럼" 냉랭한 무관심일진데.

사려 깊은 나무

임희숙

저녁이면 힘들게 섰던 나무들이 퉁퉁 부은 다리를 들어 올려
돌아온 새들을 데리고 그들의 집으로 떠났다
누구나 쉴 집은 멀리에 있다
추월과 무의식의 공간
보이지 않는 산수의 경계에 둥지처럼 숨겨져 있다

빈 공원에 혼자 선 나무가
눈 먼 딱따구리를 기다리고 있다
까치발을 들어 먼 길을 내다보는 눈빛이 초조하다
저 나무가 밤늦도록 우듬지에 닿은 별을 야멸치게 흔드는 것은
눈 먼 새의 귓속에 종을 울리는 것이다
제대로라면 나무가 흔들어대는 종소리는 새의 귀 속에 들어가
지도가 되어야 할 것이었다

공원의 나무들이 모두 가버린 줄을 모르고
저녁이 익어 밤이 되었는지도 모르고
딱따구리는 나무를 찾아다니며 점자를 새기고 있다
저기는 껍질이 벗겨진 늙은 밤나무의 가슴이고
여기는 뽀얀 백양나무의 매끄러운 어깨라고
다른 짐승들을 위하여 지도를 그리는 것이다

그래서 눈 먼 새를 기다리는 나무와
집으로 가는 길을 기억하지 않는 새는
몸 밖에 둥지를 만들지 않는다
돌아가 쉴 집이 몸 안에 있다는 것을 이미 아는 것이다

숨겨져 있는 멀리에 있는 집, 하지만 "초월과 무의식의 공간"에 "보이지 않는 산수의 경계에 둥지처럼 숨겨져 있"는 집. 예사로운 집이 아니다. "빈 공원에 혼자 선 나무"는 무엇이고 "눈 먼 딱따구리"는 무엇인가. "눈 먼 새의 귓속에 종을 울리는" 나무, "다른 짐승들을 위하여" "나무를 찾아다니며 점자를 새기고 있"는 눈 먼 딱따구리. 이들에서 느껴지는 분위기는 성스러움이다. 모두가 떠나버린 곳에 혼자 남아 "종을 울리는" 사랑의 헌신이 보인다. 요즈음 세상을 들여다 보

면 이상야릇한 풍경이 많이 보인다. 정치인인지 종교인인지 그 정체를 헤아릴 수 없는 풍경들이다. 종교의 옷을 입은 사람들의 정치적 발언이나 행동 모두가 왠지 어색하고 성스럽지 못한 느낌을 갖는 것은 나만의 편견일까. 마치 정치인들과 무언가를 흥정하고 있는 듯한 느낌은 그들의 종교적 순수성과 사랑과 자비의 정신이 전혀 느껴지지 않는 또 하나의 다른 정치인 또는 이익단체의 하나인 듯 각인되어 오는 것이다. 또 표를 의식하여 그들에게 필요 이상으로 접근하여 속된 거래를 하고 있는 정치인들의 소신없고 신념없는 행태도 실망스럽다. 각기 제 갈 길을 망각한, 나침반을 잃어버린 위험한 행보가 아니겠는가. "밤늦도록 우듬지에 닿은 별을 야멸치게" 흔들어야 할 사회적 지도자들이 너나 나나 똑같이 "돌아온 새들을 데리고 그들의 집으로" 떠나버리는 것이다. "몸 밖에 둥지를 만"드는 사람들, 포퓰리즘 정치에 발목 잡힌 정치인들이나 정치화한 종교인 거짓예언자들이 아니겠는가. 그래서 "사려 깊은 나무"와 "다른 짐승들을 위하여 지도를 그리는" "눈 먼 새"는 "몸 밖에 둥지를 만들지 않는다/ 돌아가 쉴 집이 몸 안에 있다는 것을 이미" 알기 때문이다.

나는 길에 떨어진 걸 줍지 않아

황학주

퇴근길에 가느다란 반지가 발에 밟혔다
인도에 떨어져 환하게 놓인

길에 떨어진 걸 줍지 않는 건 오래된 습관,
돈이 떨어져 있어도 줍지 않고
주위에 아무도 없을 때
지갑이 떨어져 있어도 못 본 체한다

풍뎅이나 하늘소 같은 것이 아니라면
줍지 않겠다는 그런 결심은
가난한 소년 시절을 받치어준 목발이었는데
금반지와 지폐를 주운 적 있는 어머니
그후로 땅만 보고 걷는 어머니가 싫었기 때문이다

귀밑머리 허연 중년이 되어서도
땅에 떨어진 걸 줍지 않는 고집은
어머니를 줍고 싶지 않았던 것,
어머니
굽어가는
뼛골이 점점 땅 가까이 떨어지는 게 겁이 났기 때문

이제는 내 허리 구부리는 게 덩달아 겁이 나
땅에 떨어진 걸 줍지 못한다
길에 떨어진 가느다란 반지 같은 생을
밟고 있는 눈동자는 무겁지만
오늘 나는 죽어라 버틴다

길 위에 떨어진 길,
언젠가 어떤 손이 나를 줍긴 할 테지만

인간의 비굴함의 한계는 어디일까? 솔직히 그건 상상조차 하기 싫다. 그 한계는 죽음일 터이니까 말이다. 한없이 낮아지는 인간 존엄성, 정말 굴욕과 치욕이다. 하늘로부터 멀어지는 멍드는 마음은 장송곡의 전주곡이다. 살기 위해 좀 더 과격하게 말하자면 목에 풀칠하기 위해 어쩔 수 없이 겪어야 하는 비굴함과 치욕. 얼마나 큰 비극인가. 구태여 인간이란 단어를 끄집어 내지 않더라도 이미 인간이기를 포기하게 된다. 생각하기 싫지만 냉정한 현실은 여기에 있다. "금반지와 지폐를 주운 적 있는 어머니/ 그후로 땅만 보고 걷는 어머니"는 사랑과 희생의 대명사이지만 그 어머니를 바라보는 화자의 마음은 결코 편치는 않다. 한없이 나약한 인간과 왜소해 지고 비굴해 지는 인간을 보았기 때문이었을까. 그는 "풍뎅이나 하늘소 같은 것이 아니라면/ 줍지 않겠다는" 굳은 "결심"을 하게 된다. 그리고 그 결심은 "가난한 소년 시절을 받치어준 목발"이었다. "길에 떨어진 가느다란 반지 같은 생을/ 밟고 있는 눈동자는" "어머니/ 굽어가는/ 뼛골이 점점 땅에 가까이 떨어지는" 것을 보고 인간의 존엄성의 추락을 확인하면서 동시에 자신에게까지 연민을 느낀다. 그러면서도 "죽어라 버티"는 그의 마음은 곧 우리들의 숙명일 터이다.

몽당연필의 시

이영식

여섯 살 채연이
흰 구름 장난 쳐다보다가
연필 꾹꾹 눌러 그려놓은
동그라미 하나

눈 코 입
긴 생 머리카락

구름 흩어지기도 전에
엄마라고 썼다가 얼른 지운다
지우개똥 눈물만 까맣게
싸 놓고

하늘나라 너무 멀어—

아빠,

내가 할머니가 돼도

엄마는 오지 않는 거지?

어린 아이들에게 부모의 존재는 무엇일까. 새삼스럽게 그 존재의 의미를 묻자니 무척 쑥스러워진다. 그 의미를 어떻게 말로 글로 헤아릴 수 있을까. 그냥 무조건 무지무지하게 중요한 존재일 따름인데. 우선 생존의 문제가 걸려 있고 다음은 올바른 성장의 과제가 매달려 있다. 이런 중요함의 철학은 거꾸로 뒤집어도 마찬가지이다. 부모에게 어린 아이들의 존재는 그들의 존재의미이자 존재가치이다. 어린 자식을 잃은 부모의 마음에는 평생 사라질 수 없는 아픔과 슬픔의 대못이 박힌다. 막내딸을 불의의 사고로 잃은 내 친구는 지금도 그 악몽에서 헤어나지 못한 듯 하염없이 말라가고만 있다고 한다. 그 심정을 어떻게 달랠 수 있겠는가. 단지 안타까운 마음의 가시를 느끼며 위로의 눈빛을 전할 뿐. 어린아이들에게 부모의 존재는 더할 나위 없이 중요하다. 특히 조실부모한 애들에게는 영원히 지울 수 없는 사랑과 동경의 대상일 것이다. 죽음이라는 것이 무엇인지도 모르는 유아들의 순진무구한 모습 앞에서 눈물을 훔치지 않을 사람이 있을까. 그래도 "하늘나라"가 아주 먼 나라임을 알고 있는 아이는 "아빠,/ 내가 할머니가 돼도/ 엄마는 오지 않는 거지?"하고 묻는다. 아빠는 할 말을 잃는다. 속으로는 주먹만한 눈물을 펑펑 쏟고 있을 것이다. 아빠 안에 엄마가 있단다 하고 말해 주고 싶지만 웬만큼 커버린 아이의 마음에 더욱 큰 의문만을 남겨 놓을 것이다. "하늘나라 너무 멀어—" "지우개똥 눈물만 까맣게/ 싸 놓고" "구름 흩어지기도 전에/ 엄마라고 썼다가 얼른 지운다".

우리 시대의 우화 1

박 현

어느 굶주린 여우가
포도송이가 잘 익어 매달려 있는 포도밭으로 몰래 숨어들었다더군요
그런데 불행하게도 포도송이는 너무 높아서
여우에게는 닿기 어려웠다더군요
여우는 어떻게든 거기에 닿아 보려고 훌쩍 뛰고
잠시 쉬었다가 다시 훌쩍 뛰었다지요
하지만 모두 헛일이었다죠
마침내 여우는 완전히 지치고 말았다고요
그리하여 여우는 외쳤다네요
아무나 딸 테면 따라지, 저 포도는 시단 말이야

내가 포도나무 밑을 지나간 건 사실이지만 그 포도가 진짜로 신지

단지 쓴지 짠지 먹어본 사람은 아무도 없어요 그런데 당신은 포도를 따먹지 않은 나더러만 비겁하다고 가자미눈을 떠요 내가 따먹지 않아서 목마른 나그네가 목을 축였을지도 모르고 배고픈 개똥지빠귀가 마른 창자를 부풀렸을지도 모를 일인데 당신은 나더러 그저 손가락질을 해요 이제사 고백하는데요 전 그날 속이 좀 안 좋았던 것뿐이거든요 어쩌면 기쁜 일이 있어 겅중거리며 나무 그늘을 지났을 거예요 그깟 포도를 따먹기로 맘 먹었다면 나무를 쥐고 흔들든 가지를 찢어내든 아니면 뿌리를 뽑아서라도 그깟 포도 한 송이 따먹지 못할 리가 있었을까요?

사실 그 포도는 신 품종의 포도였는데 말이죠.

요사이 역사교육에 대한 논쟁이 뜨겁다. 특히 국사를 대입필수과목으로 해야 한다는 의견이 대두되고 있는데 매우 고무적인 일이다. 역사는 정체성의 근본이다. 즉 역사를 모른다는 것은 자신을 모르는 것이다. 자신을 모르고 어떻게 삶에 대해 이야기할 수 있으며 미래를 이야기할 수 있겠는가. 해외입양아들이 외국에서 훌륭하게 성장하고도 뿌리를 찾기 위하여 조국을 찾는 것은 자신을 알기 위한 마음아픈 여정이 아니겠는가. 그만큼 자신에 대하여 안다는 것은—조국을 안다는 것—은 역사를 안다는 것이고 이는 바로 자기 자신의 정체성을 확립함과 동시에 미래를 향한 삶의 좌표를 설정하는데 없어서는 안 될 중차대한 사명인 것이다. 그러할진대 그 역사교육을 소홀히 해 온 그 한심한 작태를 어떻게 평가할 수 있겠는가. 정말 우리 조국의 미래를 진정으로 염려해 주는 사회지도자들의 역사인식이 겨우 그 정도밖에 안 되는 것일까. 그런데 생뚱맞게 친일파 논쟁은 또 뭔가. 기본 역사교육도 제대로 하고 있지 않는 판에. 시에 있어서도 친일시인에 대한 논쟁이 끊이질 않고 있으니 서정주도 그 대상 중의 한 사람이다. 그의 불편한 진실에 대한 이야기는 많은 학자들이 이야기하고 있는 바 일천한 우리가 왈가왈부할 것은 못 된다고 본다. 그의 삶을 직접 보지 않은 상황에서 그를 판단하기도 쉽지 않다. 개인적인 사회적인 시대적인 상황에 나름대로 적응하여 살아왔던 한 개인을 판단하는데는 신중함이 필요하다. 타인의 약점을 또는 불행을 얘깃거리로 수다떨며 즐기는 세치 혀의 장난이 커다란 역사왜곡을 가져올 수도 있기 때문이다. "포도나무 밑을 지나간" "사실" 하나만으로 그의 모든 것을 평가하려 하는 우를 범하지 말아야 한다. 그 포도가 신(sour) 품종이었다면 운이 좋았던 거고 신(new) 품종이었다면 아쉬움이 남을 터이다.

미발표작

이재훈

껍질이 녹는다.
불속에서 詩가 노랗게 익는다
사연 많은 살들이 빚어내는
상투적이고 천박한 문학세계

먹고 난 생선처럼, 가시만 남은 언어를 꿈꿨다
가시가 핵核은 아니더라도
중심을 둘러싼 그 모든 살냄새가 싫다

이빨에서 아말감 냄새가 난다
딱딱한 가시를 이가 부러지도록
깨물고 싶다

얼굴 없는 독자들
상징의 가랑이를 잡고 머리를 조아리게 했었지
육감적인 언어의 욕정을 탐닉했었지
왜 숨어 있는 나인가
세상에 굴욕적인 얼굴을 내보이고 싶지 않다

모자들만 둥둥 떠다니는 거리
보도블록은 부서져 모래가 되고
관청에선 팔십년대식의 고성高聲이 오간다
이천 십년대의 고통은 이렇게 시작되는가
거짓말이 핵심인 말들의 숲에서

겨우 찾은 검은 얼굴
담배를 문 입술과
죄 지은 손가락과
어울리지 않는 보조개가
시 속에서 제자리를 찾지 못하고
시퍼렇게 웅크리고 있다

아무도 모르는 깊은 곳으로 잠수하여 좀처럼 모습을 드러내지 않는 존재, 그의 모습을 헤아리기란 쉬운 일이 아니다. 그는 어쩌면 자기만의 독특한 병에 빠져 있거나 상식을 벗어난 제반 환경의 거미줄에 걸려 헤어나지 못하고 있는 가냘픈 나방인지도 모른다. 우리 고교동창회 수첩에는 '행방불명'으로 처리되어 있는 친구들이 상당 수 록되어 있다. 말 그대로 그들을 아는 사람이 주위에는 전혀 없는 것이다. 꼭 그렇게 살아야만 하는 특별한 이유라도 있는 것일까. 나도 한때 잠수생활을 꿈꾸었고 자연스럽게 군인이 되었다. 의과대학 졸업을 앞두고 모두들 수련을 위한 병원물색에 전전긍긍하고 있던 즈음, 나는 잠수하기만을 학수고대하고 있었다. 경제적으로나 정신적으로 그다지 여유롭지 못했던 대학시절이 나에게는 지옥 위의 외나무다리를 걸어가는 듯 느껴졌기 때문이었다. 겉으로는 전혀 그런 모습을 보이지 않던 자의식 강했던 학생은 그저 냉가슴만 앓으며 그 고통을 벗어나기만을 기대하고 있었던 것이다. "중심을 둘러싼 그 모든 살냄새가 싫"었고 "딱딱한 가시를 이가 부러지도록/ 깨물고 싶"었다. 한 때 열정을 가졌던 교회활동도 접었다. 어디에서나 "제자리를 찾지 못하고/ 시퍼렇게 웅크리고 있"는 나 자신을 들여다 볼 뿐이었다. 그렇게 숨어 들어간 군대, 나는 "가시만 남은 언어"를 꿈꾸며 독특한 사회의 구조속으로 흘러 들어가 "사연 많은 살들"을 발라내며 기약없는 해저생활을 시작하였으니 먼 세월 후 지금 그 시절이 속절

없이 그리워질 따름이다.

적빈寂貧
-산티니케탄에서

곽재구

보름달 아래 아이들이 삶은 콩을 팔고 있다
호수에 비친 달빛이 파랗다
나뭇잎 접시에 담은 삶은 콩은 3루피
얼굴 까만 사람들이 삶은 콩을 먹는 모습을
보름달이 물끄러미 바라보고 있다
새끼 염소가 젖을 빠는 소리가 보리수 나무 잎사귀를 흔든다
난 언제 당신에게 3루피 밥 한 끼 지어줄 수 있을까
2루피 누룽지 한번 만들어 줄 수 있을까
1루피 시 한 편 써서 읽어 줄 수 있을까
나뭇잎 접시 위의 삶은 콩이 반짝 빛난다
하늘의 별중 누군가 3루피를 들고 내려왔기 때문이다

이 시를 읽으면서 스크루지가 떠오르는 것은 웬일일까. 잔인한 구두쇠의 대명사, 그도 커다란 변화를 겪고 선하고 자비롭고 베풀 줄 아는 사람으로 변신한다.

어떤 구두쇠의/ 갑작스런 죽음을 보고/ 생각했지요

스크루지는/ 행복한 사람/ 염려해 주고/ 충고해 주는 사람이 있었으니까요

스크루지는/ 복받은 사람/ 깨달음을 얻을 수 있었으니까요

스크루지는 정말/ 축복받은 사람/ 새 삶을 얻을 수 있었으니까요

— 김현식, 「스크루지」(미발표작) 전문

스크루지의 변화는 절망에서 희망으로의 반전이다. 누루튀튀한 "콩"이 갑자기 반짝이는 사건이다. 그래서 어두컴컴한 절망 속에서도 희망을 버릴 수 없는 이유이다. "나뭇잎 접시 위의 삶은 콩이 반짝빛"나는 것은 "하늘의 별 중 누군가 3루피를 들고 내려왔기 때문이다". 하늘의 별은 구세주일까, 희망일까 사랑일까. 아무려면 어떤가. 별빛은 그렇게 긍휼을 타고 내려온다. 3루피면 어떻고 1루피면 어떠랴. 차가운 마음을 덮힐 수 있는 시 한 편이면 어떠리. 시인의 마음은

바로 거기에 있다. 파리한 안쓰러움이 묻어있는 "달빛", 애틋한 마음의 "보름달"이 "얼굴 까만 사람들이 삶은 콩을 먹는 모습을" 바라보듯이 시인은 "난 언제 당신에게 3루피 밥 한 끼 지어줄 수 있을까" 하고 안타까워 한다. 소박한 사랑, 연민, 자비의 마음이 "보리수 나무 잎사귀를 흔든다". 가난은 있을 수 있으나 평화로운 가난은 없다. 라다크의 평화로운 가난은 이미 가난이 아니다. 풍요로움이다. 난 언제 "2루피 누룽지 한 번 만들어 줄 수 있을까", 언제 한 번 "1루피 시 한편 써서 읽어줄 수 있을까". 고요 속의 환함, 환함 속의 고요, "1루피의 시"는 소중하고 아름다운 마음의 선물이다.

말더듬이의 노래

송경동

어려서 말더듬이였다
조금만 더 세상 속으로 나오면 될 거라고
짧은 혀를 베어 물고
자진한 이처럼 몇 시간을 보내곤 했다
너도 저 바닷가 몽돌들처럼 잘 구를 수 있을 거라고
르, 르, 르 둥글게 만 혀를
쉼 없이 굴리다 보면 어느덧 저물녘이곤 했다

그러나 돌아보면 나의 장애는 나의 풍요
자신의 말 얻지 못한 무수한 사람들을 사랑하게 되었고
번지르한 말들을 경계하고
아직 할 말이 남아 있는 사람들 말에 귀 기울이게 되었다
세상엔 말할 수 없는 아픔들이 더 많다는 것을 배우며

모든 위풍당당한 지배와 폭력과 선진의 언어들을
그 음운의 끝까지 거부하고 증오하는 힘을 얻었다

지금도 혼자 있을 때면
짧은 혀, 너와 함께 아름다운 말들을 연습하고 있는
나를 본다. '사랑'이라고 내가 발음할 때
그 사랑은 아무나 헤프게 얘기하는 그런 사랑이 아닐 거라고
내가 '평화'라고 발음할 때
그 평화는 그냥 쉽게 얻어지는 평화가 아닐 거라고
지금도 여전히 짧고 더듬거리지만
불의에 맞서서는 한 치 물러섬 없는
내 짧은 영혼

어떤 면에서든지 약점 또는 불행의 가시를 품고 있지 않는 사람은 없다. 겉으로는 전혀 그렇게 보이지 않는다 하더라도 그것은 어디까지나 겉모습일 따름이다. "세상엔 말할 수 없는 아픔들이 더 많다". 어떤 사연을 간직한 아픔인지는 극히 개인적인 것이기 때문에 다른 사람들은 전혀 알 길이 없다. 그저 추측 내지는 상상만 할 수 있을 따름이다. 여기에서 인류비극의 역사는 시작된다. 근본적으로 인

간은 극히 고독한 존재일 수밖에 없다. 여러가지 통신수단을 동원해 보지만 나름대로의 한계가 있을 뿐이다. 시인에게는 이 "말할 수 없는 아픔"이 시의 씨앗이 될 수도 있고 사랑의 뿌리가 될 수도 있다. 어떤 어려운 상황에 빠졌을 때 사람들은 대체로 다음의 한 길을 가게 된다. 첫째는 그 어려운 상황을 절망으로 느끼고 자포자기한 나머지 타락의 길로 빠져들어 불행한 삶을 살게 되는 것이고 둘째로는 불합리한 현실과 타협하며 그저 현실만족과 현상유지에 안주하는 것이고 셋째로는 그 불행을 기회로 삼아 더 가치있고 보람있는 고귀한 영혼을 개척하는 적극적인 승화의 길을 가는 것이다. 말더듬이었던 시적 화자는 세 번째의 예로 "자신의 말 얻지 못한 무수한 사람들을 사랑하"고 "아직 할 말이 남아 있는 사람들 말에 귀 기울이"며 "세상엔 말할 수 없는 아픔들이 더 많다는 것을" 깨닫게 되는 은혜와 축복의 삶을 얻게 된다. 어렵게 얻어지는 만큼 고귀한 '사랑'과 '평화', 진정 그의 "장애"는 그에게 "풍요"가 되었으며 "불의에 맞서 서는 한 치 물러섬 없는" 불굴의 "영혼"이 되었으니 어찌 희망의 "노래"가 아니겠는가.

불빛은 아래를 본다

이운룡

모든 불빛은 아래를 본다. 몸을 던져 파편처럼 살을 찢고는 무엇이 있나 색출하듯이, 어떤 증거물도 찾아내지 못해 무혐의로 처리되지만 높이 올려놓아도 아래만 접수한다.

원인은 어둠을 캐려는 이본異本 성선설 때문이다. 불빛이 하늘로 고개 들 때 불빛은 허공에 흡수되고 고층빌딩의 위엄만 눈부시다. 사람은 보이지 않는다. 경전을 뒤져봐도 없으나 분명히 사람은 있다. 인명대사전에 기록되어 있는, 골판지의 냄새가 밴, 구린 속임수들도…

불빛은 안다, 증거인멸이 불빛을 따라잡지 못한다는 사실을. 허나 불빛보다 빠른 속도가 있다, 세상의 눈빛이다. 요즈음 빛은 참는 아픔 때문에 눈이 시리다. 불빛이 위를 볼 때에는 청맹과니가 된다. 하늘에는 번갯불 뿐이다. 산 자를 죽이고 죽은 자를 살리는 칼, 번갯불!

형광등 몸을 찢고 해체해 봐라. 빛과 어둠 뿐이다. 어둠을 열면 어둠에 묻히지만 빛을 열어야 빛이 나온다. 이것이 빛의 율법이다. 당신과 나와의 무간無間의 약속, 세상의 눈 속에 넣어도 안 아픈 하늘불빛이다.

위로부터 오는 빛은 어디에 있는가. 당신은 그 빛을 보고 있는가. 순간 순간 번쩍이는 빛은 눈에 잘 띈다. 하지만 큰 빛은 그렇지 않아 의식하기 어려운 경우가 많다. 사실은 그 빛 가운데 존재하는 게 인간인데도 말이다. 그 빛, 인간의 무한 잠재력의 하나인 사랑과 포용의 빛, 그 빛이 오늘도 내려오고 있음을 본다. 무서운 자연의 대재앙 앞에서 무기력하게 휩쓸려 가버린 많은 사람들과 울부짖는 영혼들, 그들에게도 위로와 배려의 빛은 내려오고 있다. 일본 역사상 미증유의 자연재해인 동북부지역의 지진해일과 원전사고는 당사자인 일본인은 물론 인류전체를 가늠하는 커다란 시험대가 되고 있다. "모든 불빛은 아래를 본다", "높이 올려놓아도 아래만 접수한다", "당신과 나와의 무간의 약속"은 결코 무너지지 않는다. "빛을 열어야 빛이 나" 오는 "빛의 율법"을 사람들은 지키고 있다. 마지 못해서 따르는 구속의 '율법'으로가 아니고 마음에서 우러나오는 사랑의 "눈빛"으로 말이다. 자연의 대재앙과 인간 능력의 한계를 보여준 원전사고 앞에서 인간은 지금 몸을 던져 사투를 벌이고 있다. 그들의 노력에 희망의 대답이 들려오기를 기도하고 기도할 따름이다. 최후의 순간까지 대피방송을 하면서도 막상 자신은 쓰나미에 휩쓸려 돌아올 수 없는 꽃으로 승화한 25세의 동사무소 여직원은 "세상의 눈 속에 넣어도 안 아픈 하늘불빛이다". 나는 무척 "눈이 시리다".

울돌목

이성부

뼛속 깊이 사무친 우리네 사연들을
내가 어찌 다 필설로 나타낼 수 있을까마는
이것들의 농축된 에너지가
오래 쌓이고 더욱 많이 보태져서
지금의 이 사나운 물밑 소용돌이
안으로 화산을 감춘
이 어마어마한 꿈의 깊이를 만든 것은 확실하다
그러므로 나는 하나의 거대한 평등으로 일렁일 따름이다
물가에 나와 먼 데 하늘
한 생애를 바라보며 한숨짓는
사람들이나 지키는

명량대첩은 이순신 장군이 12척의 배로 왜선 133척을 격파한 세계 해전사상 유례없는 기념비적인 승전을 이룩한 싸움이다. 명량은 바닷목이 좁고 물살이 매우 센 곳으로 배를 부리기가 매우 어려운 곳이다. 이순신 장군은 이러한 자연적인 특성을 십분 활용하여 중과부적의 난관을 헤치고 적을 물리칠 수 있었다. 이러한 전술을 인지전술因地戰術이라 하는데 싸움터의 지리적 조건에 맞는 전략을 이용하는 것을 말한다. 전라남도 진도와 해남군 화원반도 사이의 해협은 빠른 조류 때문에 파도소리가 커서 사람 울음소리 또는 동물의 울부짖음 같다는 '바다가 우는 길목'이라는 뜻의 울돌목 또는 울도목으로도 불렸다. 울돌목은 폭이 300m 이내로 좁고 유속은 평균 초속 5.5m에 달한다고 한다. 이러한 특성을 가진 울돌목에 화자는 서 있다. 역사적인 의미를 깊게 간직하고 있는 곳에서의 화자의 감개는 "뼛속 깊이 사무친 우리네 사연들을/ 내가 어찌 다 필설로 나타낼 수 있을까"하고 노래한다. 그 역사적인 사건을 더듬어 올라갈 때의 느낌이 어찌 평범할 수 있으리. 승첩의 감격과 풍전등화의 조국을 지켜낸, 역사 속에 깊이 잠겨 있는 "농축된 에너지"와 자연이 간직한 "사나운 물밑 소용돌이"가 합쳐져 작금의 거친 물살로 이어지고 있다. 오랜 세월동안 "오래 쌓이고 더욱 많이 보태져서/ 지금의 이 사나운 물밑 소용돌이"로 휘몰아 치고 있는 것이다. 영원한 생명력을 간직한 "안으로 화산을 감춘/ 이 어마어마한 꿈의 깊이"로. 지금 당신과 내가 "하나의 거대한 평등으로 일렁"이는 삶의 현장에 조력발전소의 청사진이 그려지고 있다.

'시인 — 의사'

'의사' 라는 직업이 시적 상상력에 어떤 영향력을 미치고 있을까. 사실 나는 이러한 문제에 대하여 깊이 생각해 본 적은 없다. 물론 그러한 이야기가 나올 때마다 잠깐 잠깐 생각은 해 보았지만 그리 큰 사고로는 이어지지는 않았던 것 같다. 왜냐하면 개인적으로 나는 시인과 의사를 융합(?)하는 특수성에 대해 별로 호의적(?)이지 않았기 때문이다. 의사는 의사이고 시인은 시인이라는 분리정서가 강했다고 해야 할까? 아무튼 그러한 독특한 심리가 대세를 이루고 있었기 때문이다. 시적으로나 사회적으로나 '의사'라는 포르말린 냄새를 풍기기 싫었던 것이다. 물론 그런 배경에는 여러가지 복합적인 이유가 숨어 있는 것은 부정할 수 없다. 사회적으로나 정치적으로 갈수록 퇴색되어 가고 있는 의사상에 대한 회의와 좌절은 나를 그 어둠의 그늘로 숨기를 강요하고 있는 듯 하였다. 단지 '호구지책' 으로써의 '의사 직업'으로 추락되고 만 좌절감은 지금도 어찌할 수 없는 심정의 줄기를 형성하고 있다. 따라서 시도 보편적인 시적 경로를 따라가는 경향으로 기울어 있다. 많은 시인들로부터 혹은 사람들로부터 의사만이 갖는 독특한 시적 발상을 개발해 보는 것이 좋지 않겠냐는 제안 및 충고를 많이 받아온 것도 사실이다. 하지만 내심으로는 선뜻 그런 권고가 받아들여지지 않았던 것이다. 더욱이 의학이라는 전문적인 특수성이 일반 사람들에게는 무척 난해한 문제이기 때문에 의학의 시적 발상이 자칫하면 시적 보편성을 벗어난 이해하기 힘든 시적 군더더기만을 던져놓는 결과를 초래하게 되는 위험성이 존재한다. 그렇지 않아도 세간의 문제가 되고 있는 난해시에 대한 공방이 끊이지 않고 있는 처지에 또하나의 볼 품 없는 사족을 만들고 싶지 않다는 생각이 나를 무겁게 짓누르고 있는 것이다. 실험시적인 가치를 부여한다면 모를까, 그렇지 않다면 그저 무의미한 소통부재의 '나'만의 시가 될 가능성이 높은 것이다. 시는 공유되어야 하고 느낌을 줄 수 있어야 하며 감동을 줄 수 있으면 더욱 바람직한 것이 될 것이다. 그러한 측면에서 나의 의사로서의 시적 상상력 또는 태도는 의외로 평범하다고 할 수 있다. 구태여 그 관련성을 들추어 내어 지적해 보자면 몇 가지의 특성을 집어 낼 수 있겠다.

의사의 고뇌는 병마와의 싸움에서 시작된다. 효과적인 치료를 위해서는 우선 정확한 진단이 필수적이다. 첨단과학의 발전에 힘입은 진단기술의 발전은 웬만한 병들의 양태를 매우 자세히 파악할 수 있도록 도와준다. 하지만 아직도 부족한 것이 많으며 병의 원인과 치료에 고심해야 할 현실적 어려움은 우리 의료진의 마음을 무겁게 억누르고 있는게 사실이다. 즉 수수께끼와의 전쟁은 계속되고 있는 것이다. 이러한 상황에서 포착된 현실파악은 현 세계의 첨예한 문제로 대두되고 있는 아랍세계와 서방세계의 갈등을 연상시킨다. 언제 어떻게 해결될지 모르는 뜨거운 아젠다인 것이다.

침묵 속으로 캄캄하게 숨는 은둔자
결코 머리카락 한 올 드러내는 일이 없지
드물게 자신을 나타내는 일도 있지만 그때에는
천둥과 번개를 동반하고 핏빛울음이 낭자하지
게릴라 습성을 보일 때도 있고 때론
뱀파이어 바이러스에 감염된 사채놀이꾼 같기도 해
바쁜 틈새와 탐욕의 그늘을 노리고 있지
어떤 때에는 자살 폭탄 테러리스트 같기도 하고
오로지 자신만의 이념과 삶을 고집하는
꽉 막힌 근본주의자 아예 타협이란 단어는 없어
종국은 자신의 궤멸이라는 것을
알고나 있는 것인지 궁금할 따름이야
상생의 이념은 버린지 오래 되었지
수시로 고성능 탐지기를 들이대지만

쥐새끼처럼 빠져 나가는 놈이 있어
당혹과 공황의 올무를 깊숙이 숨긴
음흉한 음모와 배반의 향연
흰 정장의 홈즈는 오늘도 전전긍긍하고 있지
— 김현식, 「부르카」(사화집『떠도는 구두』) 전문

또, 사건 배경만 의료관련 사항일 뿐 시의 전개는 일반 시와 다름없는 것이 있다. 이런 형태의 시가 일반인과 공유와 소통이 수월하지 않을까 생각한다.

우리 다인실 병실에서는 아무도
커튼을 치고 지내는 사람이 없다 환자도 보호자도
가끔 커튼을 치고 있는 사람이 있지만
그는 막 들어온 신참이다

진폐증으로 폐에 구멍이 뚫려
호스를 달고 있는 늙수그레한 아저씨
옆에 수발을 들고 있는 소박한 아내
제 병은 잊은 듯
앞의 환자에게 따뜻하게 말을 건넨다

왜 이렇게 되었느냐고
폐암 환자는 짐짓 자신의 무거운 짐을 부려 놓는 듯
제 잘못이지요 그렇게 끊으라던 담배를
이제껏 피우고 있었으니까요
라며 얇은 미소를 지었다

경계는 놓음으로써 순수해 진다
아플 때 순수해 지는
어느 순간,
환한 믿음이 그림자를 밀어내고
병실에서는 모두
어린아이가 된다
구차한, 얄팍한 벽을 걷어내는

오, 오랜만에
우리 식구들 모였구나
— 김현식, 「순수」(시집『나무늘보』) 전문

인체의 특정 부위를 시적으로 형상화한 것도 있다. 그냥 그대로 읽어도 괜찮겠지만 그 부위를 한번도 보지 못한 일반 독자들에게는 느낌이 반감될 수 밖에 없는 약점을 가지고 있다. 그런 점에서 이러한 시는 한정된 독자만을 가질 수 밖에 없을 것이다.

아무도 볼 수 없는 깊은 곳에
붉은 장미 한 송이
피어 있었지요

당신의 몸 깊은 곳
아무도 범접할 수 없는 신성한
은혜의 땅이었어요

주인도 전혀 깨닫지 못하였지요
태양만큼 밝은 빛의 여신이
방문할 때까지도

스스로 삶의 빛을 발하던 꽃,
주인의 무관심 속에서
꽃턱이 떨어져 나가는 일도 많았지요

꽃이 시들게 되면

불행이 닥친다는 사실을

전혀 눈치채지 못하였어요

저는 빛의 여신을 안내하는 사자使者랍니다

가끔 꽃을 돌보면서 정원을 가꾸기도 하고요

※ 회맹판 : 작은 창자와 큰 창자가 연결되는 장腸의 한 부분.

— 김현식, 「은혜의 땅에 핀 꽃-회맹판」(시집『나무늘보』) 전문

다음의 시는 '기흉'이라는 호흡기계 병의 치료과정을 시적으로 형상화한 것이다. 기흉은 흉벽과 폐 사이의 흉막강 안에 공기가 차 호흡 곤란을 일으키는 병이다. "수은주"와 "물기둥"으로 표현된 치료기기와 "들숨", "날숨", "산소결핍증"으로 표현된 병의 양태는 한 번이라도 그 병실을 다녀온 사람이라면 어렵지 않게 느낄 수 있는 시이다.

거인국의 수은주가

자동차 엔진의 실린더처럼 바쁘게 움직이고 있다

흔들림의 진폭이 클수록 숨결은 더욱 가빠지고

아직 더 기다려야 한다 하얀 감옥을 빠져나갈 날을

호흡과 함께 움직이는 물기둥, 그 진폭의 크기만큼
요동치는 어미의 맥박,
조바심으로 타들어 가는 붉은 피톨의 심지
어미의 심장이 열병을 앓는다

들숨이 허무의 공간으로 빠져 나가고
날숨이 갇혀 버리는
함정,
산소 결핍증을 앓는 소년이 뛰고 있다
중도 포기는 없다

함정을 뛰어 오르려는 외로운 호랑이의 발톱이
함정 가장자리에서 한층 날 세워
버티고 있다
조금만, 조금만 더
— 김현식, 「기흉 氣胸」(시집『나무늘보』) 전문

이제까지와는 반대로 의식의 흐름이 일반적인 사건에서 시작하여 어느 병의 형태로 옮겨가는 양상을 보여주는 것도 있다. 이러한 시도 의사이기 때문에 생각해 낼 수 있는 시적 상상력의 발로일 수 있다.

물론 병의 특성을 전혀 모르는 사람에게는 이해에 한계가 있을 수 밖에 없겠으나 그러한 점은 어느 다른 전문 분야에서도 같은 문제가 될 수 밖에 없을 터이다. 즉 독자의 수고를 요구하게 된다.

눈이 부셔서 눈을 감는가 하면
너무 어두워 눈을 감기도 한다
매운 공기가 코를 뚫고 망막을 통과하여
악의 고리를 순환하는 검은 정맥으로
스며들어 간다 삼투압은 무시된다
허파꽈리의 고백성사를 가볍게 튕겨내며
악령의 피가 탈진한 근육세포를 농락한다
바닥을 흐르는 침출수는 치명적이다
접지력을 상실한 바퀴는
기다란 스키드마크를 남기며 추락한다
지워지지 않는 아킬레스건의 혈흔이 선명하다
검은 피의 흉측함을 피하기 위해
암흑 속에서도 눈을 감는다
비겁함의 흔적은 잘 지워지지 않는다
해변가 바위의 따개비 무리가
홍조의 연약한 살갗을 뚫고

긁다 만 누룽지처럼 덕지덕지 눌러 앉았다

※ 대상포진: 심한 통증, 피부발적, 물집 등을 일으키는 피부질환.

— 김현식, 「대상포진」(사화집『떠도는 구두』) 전문

환자의 고통이 그대로 의사의 아픔으로 전이되어 오는 시의 형태는 의학적인 특정 지식이 없이도 느낌을 공유할 수 있는 시의 형태라고 생각된다. 특정 병명이 출연하기는 해도 시적 상황을 이해하는데 하등의 장애가 되지는 않기 때문이다.

삼십대의 젊은 환자를 검사하는데
문턱을 넘자마자 핏물이 배인다

조는 듯 앉아 있던
검은 고양이의 눈이 반짝이더니
재빠르게 어두운 골짜기를 뒤지기 시작한다

검은 고양이의 후각은 정확하여 곧
결장에 숨은 종괴를 찾아낸다

그리고는 태연하게 정적처럼 사라져 버린
그의 그림자를 따라간 곳

엄마, 내일 스키장에 갈래
그러려무나, 아무렴,
하얀 꽃밭 속의 아들을
하염없이 바라보며 앉아 있는
핏기 잃은 젊은 부부가 있다

대장 악성종양으로 봉오리가 여물기도 전
자식을 저세상으로 보내고,
아무 느낌도 없는 듯이 꽃만 쳐다보고 있는
아들 친구에게 슬픔을 훔치며 말한다
네 친구가 기어코 떠나고야 말았단다

엄마, 친구가 죽었대 엊그제 같이 스키장에 갔던,
네 친구가 죽었는데도 그리 태연할 수 있니?
그들의 아픔이 하얀 함박눈이 되어
무겁게 쏟아져 내린다

아직은 아닌데……

— 김현식, 「검은고양이」(시집『나무늘보』) 전문

의학적인 내용과 관련된 여러 가지 형태의 시를 두서 없이 나열해 보았다. 하지만 의학적인 냄새가 전혀나지 않는 시도 있으니 이는 '의사 시인'이 아닌 '시인'의 시라고 할 수 있을 것이다. 그리고 이제까지 나에게는 이런 종류의 시가 훨씬 많은게 사실이다. 낯설음, 새로움, 창조성의 면에 있어서 의료관련 시는 무한한 발전의 가능성이 있을 것으로 생각된다. 그렇지만 소통을 비롯하여 많은 숙제를 안고 있는 게 현실이다.

김현식

김현식은 광주에서 태어났고, 전남대학교 의과대학을 졸업했다. 2006년『애지』로 등단했고, 시집으로는『나무늘보』가 있다. 대한대장항문학회 부회장을 역임했으며, 대장항문전문병원인 서울 송도병원 부원장으로서, 2009년도에는 '포브스 코리아 100대 명의名醫'로 선정되는 영예의 관冠을 쓰기도 했다. 일개 평범한 외과의사로서 출발하여 조기대장암 분야의 권위자가 되기까지, 그는 히포크라테스의 후예로서 남다른 노력을 해왔던 것이며, 그 노력의 산물이 '시인-의사'로서의 주옥같은 산문집『시의 향기』라고 할 수가 있다.

시인은 인간의 영혼을 치료해 주는 사람이고, 의사는 인간의 병든 육체를 치료해 주는 사람이다. 이 영혼과 육체를 치료해 줄 수 있는 사람이 '시인-의사'이며, 따라서 그는 언제, 어느 때나 자기 자신의 몸과 마음을 씻고, 또 씻게 된다. 누구나 성자聖者가 되어갈 수 있지만, 그러나 그 성자의 삶은 어느 누구에게나 허락되지는 않는다.『시의 향기』는 김현식의 티없이 맑고 깨끗한 '순수의 향기'라고 해도 지나친 말이 아니다.

e - mail : mdkhs1@hanmail.net
전화번호 : 010-9973-8048

김현식 산문집
시의 향기

발　행 2011년 11월 05일
지 은 이 김현식
펴 낸 이 반송림
펴 낸 곳 도서출판 지혜
계간시전문지 애지
기획위원 반경환 이형권 황정산
주　소 300-812 대전시 동구 삼성1동 273-6
전　화 042-625-1140
팩　스 042-625-1140
전자우편 ejisarang@hanmail.net
홈페이지 www.ejiweb.com

ISBN:978-89-966430-7-4 03810
값 15,000원